RUGBY L'ÉQUIPE DE RÊVE

CARICATURES : **JEAN-MARC BOROT**
DESSINS BD : **MICHEL RODRIGUE**
COULEURS BD : **MELVIN**
SCÉNARIO BD & COORDINATION : **ROGER BRUNEL**
TEXTES : **MAXIME MALET**

DRUGSTORE

PREMIÈRES LIGNES...

INCONTESTABLEMENT, LE RUGBY A CHANGÉ, il est passé de l'amateurisme au professionnalisme sur une longue et lente période. Ce sport a opéré une mutation progressive tant sur le plan économique que sportif. Maintenant, les joueurs sont préparés comme des fous, on voit des gabarits hors normes avec des joueurs d'horizons divers. Les clubs sont désormais très structurés et ambitieux, avec des effectifs très complets, d'où un championnat de plus en plus serré et de très haute qualité, ce qui se répercute bien sûr sur les niveaux inférieurs.

Pour ma part, j'ai vécu pleinement cette évolution, non sans difficultés, non sans travail, mais toujours avec le même appétit, le même plaisir et le même enthousiasme. Quand la fin sera venue, je serai triste, tout ce qui touche à ce sport – qui est avant tout une passion – me manquera : la difficulté, le goût de l'effort, la sueur, les copains, l'ambiance, le stress, les joies, les peines et j'en oublie tant...

Ce n'est pas encore d'actualité, pourtant un jour viendra...

Pour le rugby français, un grand moment se profile : la Coupe du monde, qui plus est en Nouvelle-Zélande ! Toutes les nations présentes auront à cœur de bien figurer. Pour nous, l'équipe de France a un gros challenge à relever, ça ne sera pas de la tarte mais ayons confiance.

Je serai leur premier supporter, je suis sûr que ce sera un grand moment, alors : SOYEZ FORTS !

Olivier Milloud

OLIVIER MILLOUD

Né le : 9 décembre 1975 à Saint-Vallier (Drôme)
Taille : 1,85 m – **Poids de forme :** 112 kg
Clubs : Bourgoin (1995-2011), Stade français (depuis 2011)
En équipe de France :
2000-2007 : 49 sélections ; 5 points (1 essai)

Une tronche, une gueule, une vraie ! Le taiseux du Nord-Isère, où est situé Bourgoin – par rapport au Sud-Isère, où se trouve Grenoble –, est un vrai pilier à l'ancienne. Ne l'attendez pas pour faire le beau devant une caméra ou se la jouer ballon en main. Pour Olivier Milloud, c'est plutôt « qui ne dit mot concasse », dixit Serge Simon. Dans les rucks ou en mêlée, il est toujours là, prêt au combat. Et c'est pour ça que tous ceux qui ont joué avec lui l'adorent !

INO ! KA MATE ! KA MATE ! KA MATE !
IATE ! KA ORA ! TENEI TE

-

IE

ING

MALUPHAKANYISW UPHONDO LWAYO,
YIZWA IMITHANDAZO YETHU,
NKOSI SIKELELA, THINA LUSAPHO LWAYO.
MORENA BOLOKA SETJHABA SA HESO,
O FEDISE DINTWA LA MATSHWENYEHO,
O SE BOLOKE,
O SE BOLOKE SETJHABA SA HESO,
SETJHABA SA SOUTH AFRIKA - SOUTH AFRIKA.

O FLOWER OF SCOTLAND
WHEN WILL WE SEE
YOUR LIKE AGAIN,
THAT FOUGHT AND DIED FOR
YOUR WEE BIT HILL AND GLEN,
AND STOOD AGAINST HIM.

Les coups de crayon de mon ami Michel Rodrigue se sont attachés à mettre en exergue les traits particuliers de beaucoup d'acteurs du rugby mondial, en s'appuyant sur des caractéristiques physiques, mais également sur des traits de caractère, voire sur des gestes, des attitudes véhiculées par ces joueurs. La Coupe du monde 2011 sera encore un formidable terrain de découverte de personnages hauts en couleur, capables d'amener leur nation sur le devant de ce magnifique spectacle. Cette année encore, nous serons de fervents supporters de l'équipe de France.
Bonne lecture et bonne Coupe du monde 2011 !

Daniel FALQUE
Président du comité du Lyonnais
Vice-président de la Fédération française de rugby.

À toute l'équipe de Mézydugnac, dont les piliers Jean-Louis et Arnaud,
À Henri Gatineau, le premier à avoir cru en mes petits miquets.
M.R.

À tous mes adversaires du Championnat des Alpes pour m'avoir épargné (au regard de mon physique peu compatible avec le n°2) et m'avoir permis ainsi de poursuivre avec tous mes doigts... et le reste, ma carrière d'auteur !
R.B.

À tous les joueurs qui m'ont fait rêver et qui continuent à le faire !
J.-M.B.

Éditions Glénat - Couvent Sainte-Cécile - 37 rue Servan - 38000 GRENOBLE
Dépôt légal : août 2011
I.S.B.N. : 9878-2-7234-8325-4
Achevé d'imprimer en Belgique par Lesaffre en août 2011
sur papier provenant de forêts gérées de manière durable.

UN PEU D'HISTOIRE...

ET SI WILLIAM WEBB ELLIS AVAIT ÉTÉ UN ÉLÈVE SAGE en cette année 1823 ? Si le futur pasteur, aujourd'hui enterré à Menton, avait été un étudiant soucieux de ne pas enfreindre les règles, le rugby serait-il aujourd'hui ce qu'il est ? Peut-être bien !

Le geste de Webb Ellis – se saisir du ballon à la main lors d'une partie de « football-rugby » – est légendaire. Aujourd'hui, on ne sait plus s'il l'a vraiment fait ou pas, mais on s'en moque. L'histoire est trop belle pour qu'on ose raconter qu'à l'époque, chaque collège, dont celui de Rugby (au centre de l'Angleterre), pratiquait une forme de soule-football-rugby avec ses propres règles. C'était si compliqué que, lors des premiers échanges entre collèges, celui qui recevait imposait ses règles.

Ensuite, l'histoire a été écrite par des « universitaires bureaucrates » ! En 1863, des étudiants de Cambridge, tous anciens élèves de Rugby, reprécisent une première codification des règles effectuées une quinzaine d'années plus tôt. Les rugby school rules (règles de l'école de rugby) sont nées. Les discussions et les débats sont alors légion. Et peu à peu, le schisme entre le football et le rugby se fait.

1871 : le premier match international a lieu. Il n'avait pas grand-chose à voir avec un match d'aujourd'hui : un stade de cricket, même pas de télé, 4 000 spectateurs mais surtout 20 joueurs dans chaque équipe et deux mi-temps de 50 minutes. Face aux Anglais, les Écossais s'imposent. La Calcutta Cup est née, même si le trophée ne sera mis en jeu qu'à partir de 1879. Entre-temps, la passe à la main est autorisée (1875) et le nombre de joueurs tombe à 15 par équipe (1877).

Et le Tournoi dans tout ça ? En 1883, les quatre équipes des îles Britanniques (Angleterre – vainqueur –, Galles, Écosse et Irlande) s'affrontent effectivement. Mais, entre 1885 et 1898, quatre éditions ne sont pas terminées à cause de disputes. Les querelles oubliées, le Tournoi passe à cinq nations en 1910, intégrant la France, quatre ans après le premier match international des Bleus.

Pendant des décennies, le rugby vit tranquillou (hormis quelques embrouilles entre fédérations mais trois fois rien) avec son Tournoi, son championnat de France (depuis 1892), et ses tournées. Et puis, il y a moins de trente ans, tout s'agite. Et, en 1987, la première Coupe du monde a lieu en Nouvelle-Zélande, pays des *All Blacks*. Ces derniers remportent d'ailleurs la compétition qui fait basculer le rugby dans une nouvelle dimension. Huit ans après, en 1995, la troisième Coupe du monde se termine à peine que la fédération internationale (IRB) enterre l'obligation d'amateurisme du rugby, ouvrant l'ère professionnelle. Celle qui aujourd'hui bat son plein.

PILIER GAUCHE

1

C'EST LE PILIER « TÊTE LÂCHE », ou *loosehead prop*, selon nos amis anglo-saxons. Pourquoi lâche ? Parce que dans la mêlée, son côté gauche est libre, à la différence de son pilier droit coincé, lui. Souvent moins puissants que les « droitiers », les piliers gauche sont plus techniques. À part ça ? Il doit simplement plaquer à tout-va au « près », venir au soutien dans les regroupements, soulever les sauteurs en touche et, parfois, seulement parfois, il peut toucher le ballon.

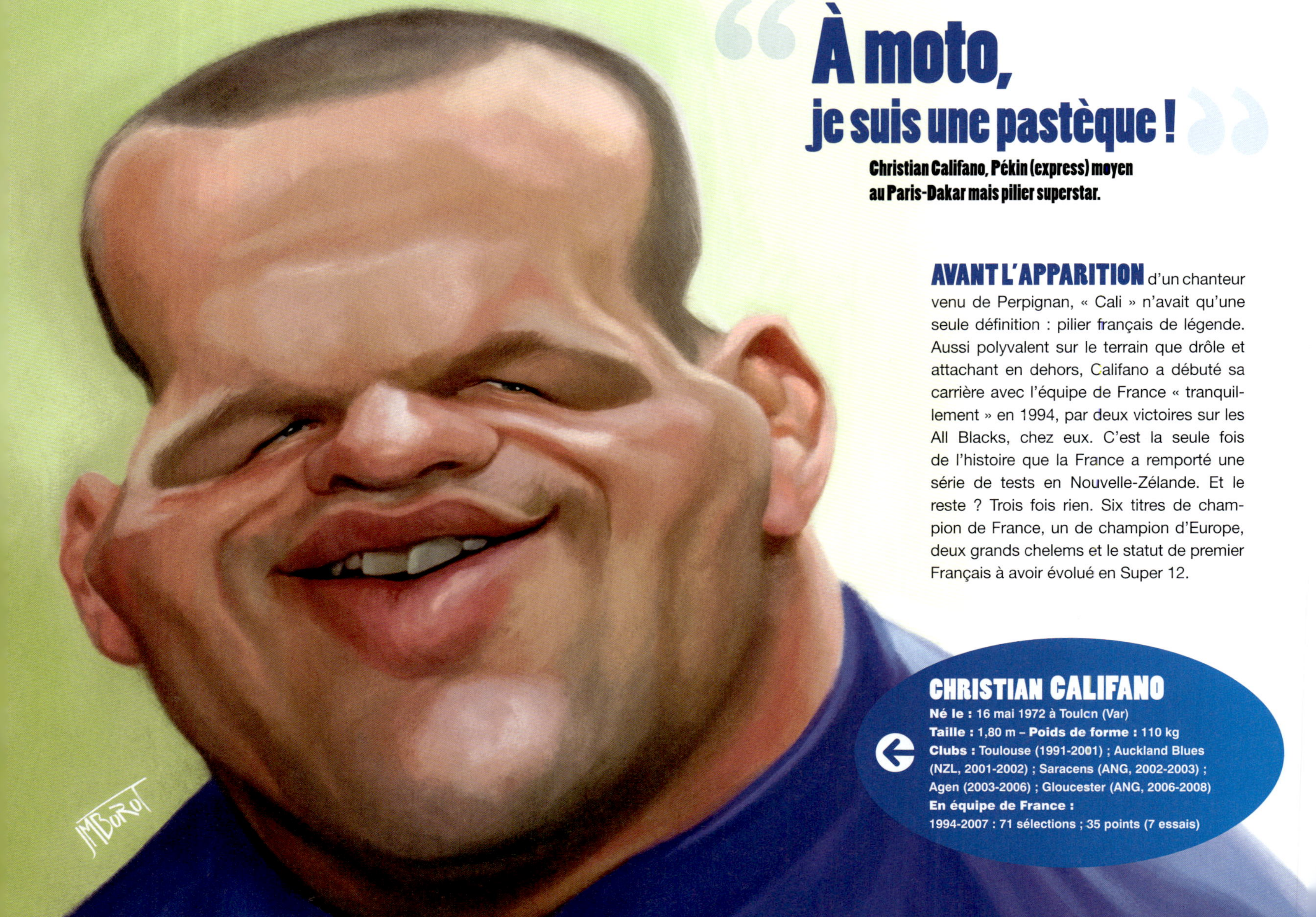

« À moto, je suis une pastèque ! »

Christian Califano, Pékin (express) moyen au Paris-Dakar mais pilier superstar.

AVANT L'APPARITION d'un chanteur venu de Perpignan, « Cali » n'avait qu'une seule définition : pilier français de légende. Aussi polyvalent sur le terrain que drôle et attachant en dehors, Califano a débuté sa carrière avec l'équipe de France « tranquillement » en 1994, par deux victoires sur les All Blacks, chez eux. C'est la seule fois de l'histoire que la France a remporté une série de tests en Nouvelle-Zélande. Et le reste ? Trois fois rien. Six titres de champion de France, un de champion d'Europe, deux grands chelems et le statut de premier Français à avoir évolué en Super 12.

CHRISTIAN CALIFANO

Né le : 16 mai 1972 à Toulon (Var)
Taille : 1,80 m – **Poids de forme :** 110 kg
Clubs : Toulouse (1991-2001) ; Auckland Blues (NZL, 2001-2002) ; Saracens (ANG, 2002-2003) ; Agen (2003-2006) ; Gloucester (ANG, 2006-2008)
En équipe de France :
1994-2007 : 71 sélections ; 35 points (7 essais)

JASON LEONARD

Né le : 11 août 1968 à Barking (Angleterre)
En équipe d'Angleterre :
1990-2004 : 114 sélections ; 5 points (1 essai)

AH, LE FOURBE ! Il a tout fait pour déposséder Philippe Sella de son record de sélections (111) en 2003. Même des entrées en jeu de cinq ou dix minutes. Mais sa fin de carrière ne doit pas faire oublier le reste : ses quatre Coupes du monde avec deux finales à la clé (perdue en 1991 et gagnée en 2003). Il y a aussi eu quatre grands chelems, une locomotive à son nom sur la ligne qui dessert sa ville et un très sérieux statut d'OBE (officier de l'ordre de l'Empire britannique.). Respect, sir !

SANS OUBLIER : Os du Randt (AFS), Wilson Whineray (NZL), Robert Paparemborde (FRA)

FINI DE JOUER À LA BABALLE ! LA 1RE LIGNE AVEC MOI !
LES GROS, ON S'EST TROP FAIT BOUGER EN MÊLÉE LA SEMAINE DERNIÈRE ! ILS NOUS ONT TOURNÉS, EFFONDRÉS, RELEVÉS, BREF : HUMILIÉS !!!
ON AURAIT DIT DES POUSSINS CONTRE DES MAMMOUTHS ! PIRE ! VOUS M'AVEZ RAPPELÉ LA DÉROUTE EN 2E MI-TEMPS CONTRE L'AUSTRALIE EN 2010 ! C'EST DIRE !
ALORS ENTRAÎNEMENT FORCE 10 ! RESSERRAGE DES BOULONS ! IMPACT ! POUSSÉE ! COHÉSION !
ALLEZ, LES BOEUFS ! ON POUSSE EN ÉQUIPE ! JOUES CONTRE JOUG ! À LA CORNE !
HAN ! HAN ! HAN !
PLUS FORT ! ON ME LE LABOURE CE PÂTURAGE ! COMME LES RAPETOUS !
facebouc
GUCHIOTTE
HUMPF ! HUMPF ! HUMPF !
LES RAPETOUS ? C'EST QUI ?
MOSCATO, GIMBERT ET SIMON ! CRÂNES RASÉS ET 1RE LIGNE DE LA TORTUE BÉGLAISE !
CHAMPIONS EN 1991 !
ALLEZ ! TORTUE, C'EST DÉJÀ MIEUX QUE BOEUF, NON ?
ET 1 HEURE DE POUSSÉE PLUS TARD...
HÉ ! JE FAIS BIEN LA TORTUE, NON ?
– TIENS-TOI À CARREAU ! OU IL VA NOUS RASER LE CRÂNE !

TALONNEUR

2

ON POURRAIT CROIRE QUE C'EST FACILE de se poser tranquillement en mêlée, les bras en croix, ou de jeter le ballon entre deux lignes de grands gaillards. Mais non, pousser de toutes ses forces tout en levant un pied pendant qu'environ 900 kg de viande poussent en face, c'est coton ! Tout autant que se souvenir de la bonne combinaison en touche quand on a couru comme un fou aux quatre coins du terrain.

> « **En rugby** comme ailleurs, il est toujours plus agréable d'être talonneur que talonné ! »
>
> Talonneur anonyme

TALONNEUR RECORDMAN des sélections au niveau mondial, il a tout connu en onze ans d'équipe de France. Le grand chelem dès 1998 ; le succès sur les All Blacks et une finale mondiale en 1999 ; les périodes sans (2003-2005) ; les désillusions face à l'Angleterre (demi-finales de Coupes du monde 2003 et 2007)… Tout ! Lanceur à une main, il n'a pas trouvé d'héritier dans ce domaine, la touche, qui lui a notamment permis d'offrir un essai et d'en marquer un autre en finale de la Coupe d'Europe 2007, remportée avec le club anglais des London Wasps.

RAPHAËL IBANEZ
Né le : 17 février 1973 à Dax (Landes)
Taille : 1,80 m – **Poids de forme :** 100 kg
Clubs : Dax (1994-1998) ; Perpignan (1998-2000) ; Castres (2000-2003) ; Saracens (ANG, 2003-2005) ; London Wasps (ANG, 2005-2009)
En équipe de France :
1996-2007 : 98 sélections ; 40 points (8 essais)

KEITH WOOD
Né le : 27 janvier 1972 à Limerick (Irlande)
En équipe d'Irlande :
1994-2003 : 58 sélections ; 75 points (15 essais)

NE DEMANDEZ PLUS : C'EST QUOI LE *FIGHTING SPIRIT*, mais plutôt c'est qui ? Cette notion tout irlandaise d'engagement total et inlassable a été parfaitement incarnée par Wood. « *The Raging Potato* » (la patate enragée) a la particularité d'être leur seul talonneur auteur d'un quadruplé en Coupe du monde, le 2 octobre 1999 à Lansdowne Road contre les États-Unis. Son autre moment de gloire, c'est ce drop goal tenté, mais manqué, avec les Lions face à l'Australie en 2001.

SANS OUBLIER : Sean Fitzpatrick (NZL), Mario Ledesma (ARG), William Servat (FRA)

AH, VOILÀ NOTRE TALON ! SALUT TRAPEZ !
ALLEZ, ON REVOIT LES LANCERS EN TOUCHE !
TU AS BIEN REVISIONNÉ LES REMISES D'IBANEZ ET SERVAT ? TU LANCES DROIT !
OK ! O.K. !
REGARDE ! J'IMAGINE QUE C'EST SUR LA TRONCHE DE MA BELLE-MÈRE ! ET ÇA NE DÉVIE PAS !
BON ! O.K., TA BELLE-MÈRE DANS LE COULOIR, C'EST FAIT !... MAIS POUR LES ANNONCES DE COMBINAISON ?
HEU... LÀ, JE SAIS JAMAIS !
SI C'EST LONG, SI C'EST COURT... 'ME FAUDRAIT UNE ASTUCE POUR RETENIR !!!
C'EST SIMPLE, TU CONNAIS TES POTES. VOUS DÉJEUNEZ ENSEMBLE TOUS LES JOURS. TU CONNAIS LEURS GOÛTS !
AH OUAIS !
LE DIMANCHE SUIVANT... 1 MINUTE DE LA FIN... PÉNALTOUCHE !!!
FAUT QUE J'ASSURE !
COMMENT ÇA, CHOUCROUTE ? C'EST QUOI CETTE ANNONCE ?!?
7

PILIER DROIT

3

COMPRIMÉ ENTRE LE TALONNEUR ET LE PILIER gauche adverse, pas d'échappatoire en mêlée. Le pilier droit, dit « tête serrée » (*tighthead* en anglais), doit être massif. Son but : ne pas reculer en mêlée face à la puissance et aux filouteries adverses. Son cahier des charges s'enrichit un peu plus chaque saison et il n'est pas rare qu'on demande au pilier droit de plaquer autant qu'un troisième-ligne.

« Les piliers,
c'est comme les bœufs, ça fonctionne par paire ! »
Jean-Pierre Garuet, forte tête (de pont) en mêlée

PREMIER JOUEUR français expulsé en match officiel, la « Garuche », qui avait un peu les abeilles d'avoir été sorti pour son premier match du Tournoi face à l'Irlande en 1984, a laissé au final un souvenir tout autre. Celui d'un bloc, une sorte de menhir inamovible. Sélectionné pour la première fois à 30 ans, il a joué en bleu jusqu'à l'âge de 36 ans, faisant, au passage, partie de l'aventure française lors de la première Coupe du monde en 1987, conclue par une défaite en finale face à la Nouvelle-Zélande (9-29). Il a, par ailleurs, été élu deux fois meilleur pilier du monde.

JEAN-PIERRE GARUET
Né le : 15 juin 1953 à Lourdes (Hautes-Pyrénées)
Taille : 1,77 m – **Poids de forme :** 105 kg
Club : Lourdes (1974-1991)
En équipe de France :
1983-1990 : 42 sélections ; 0 point

ADAM JONES
Né le : 8 mars 1981 à Abercrave (pays de Galles)
En équipe du pays de Galles :
Depuis 2003 : 71 sélections ; 10 points (2 essais)

ON L'A LONGTEMPS ASSOCIÉ à son compère blond, Duncan Jones, alias « *Polar Bear* » (ours polaire). Mais « *Teddy Bear* » (ours brun) écrit désormais son histoire tout seul. Celle d'un gamin gallois que la mère, June, voyait Lions britanniques et irlandais alors qu'il n'avait que six ans. Un quart de siècle plus tard, il faut reconnaître à la maman un don de voyance. Avait-elle prédit que son fiston gagnerait un grand chelem en 2005 ? Pas sûr, tout comme elle n'avait pas dû imaginer sa coupe de cheveux…

SANS OUBLIER : Amédée Domenech (FRA), Olo Brown (NZL), Armand Vaquerin (FRA)

LE PILIER DROIT SE RECONNAÎT À SON OREILLE ... GAUCHE !...
DE CE CÔTÉ, JE T'AVAIS PAS RECONNU !
ET, GAUCHE OU DROIT, IL EST LE SUPPORT IDÉAL POUR LES SPONSORS ...
SUPER ! JE PEUX MÊME METTRE L'ADRESSE !
ENTREPRISE BATITOUT
... ENFIN PAS TOUS !
ELLE S'APPELLE COMMENT, VOTRE SOCIÉTÉ ?
HEU ,,, "FRAGILE & CO" !
LÀ, ÇA VA PAS ÊTRE POSSIBLE !
PRÉSIDENT
... IL EST INDISSOCIABLE DE SON TALONNEUR ...
T'AS ENCORE OUBLIÉ DE QUITTER TON N° 2 AVANT DE RENTRER !!!
LE PILIER EST FIER ...
C'EST LE PILIER DE L'ÉQUIPE !
... GÉNÉREUX ...
TU SAIS QUE MON DENTIER VA TE FAIRE UNE BELLE BOUCLE D'OREILLE !
... PARTAGEUR ET COQUET !
HÉ, TU PASSERAIS PAS UN PEU À DROITE, POUR ASSORTIR NOS OREILLES ?!?

DEUXIÈME-LIGNE

4

LES DOUBLE-MÈTRES ONT LEUR PLACE sur un terrain de rugby : dans la cage. Pas « une » cage mais « la » cage, cette zone dans la mêlée où les deuxième-ligne se retrouvent bloqués entre leur première ligne, leurs *flankers* sur les côtés et leur numéro 8 aux fesses. Une fois dans cette drôle de situation, il faut pousser, de toutes ses forces. Mais aussi faire attention à ce qui arrive à son pilier, devant…

> **“Deuxième ou troisième ligne,**
> **tant qu'on n'est pas la cinquième roue du carrosse.”**
>
> **Fabien Pelous et Abdel Benazzi, joueurs polyvalents.**

ET DIRE que ça aurait pu ne jamais commencer ! Si ce carton rouge, reçu en championnat, n'avait pas été « effacé », Fabien Pelous n'aurait pas pu faire ses débuts avec les Bleus en 1995, il n'aurait pas pu non plus marquer son premier essai à cette occasion. Et il n'aurait pas démarré son incroyable carrière marquée par douze années en équipe de France, cinq victoires dans le Tournoi des cinq puis des six nations et trois Coupes du monde disputées. Mâchoire puissante, oreilles un peu en chou-fleur à force de mettre la tête, il représente le deuxième-ligne de devoir.

FABIEN PELOUS

Né le : 7 décembre 1973 à Toulouse (Haute-Garonne)
Taille : 1,98 m – **Poids de forme :** 114 kg
Clubs : Graulhet (1991-1995) ; Dax (1995-1997) ; Toulouse (1997-2009)
En équipe de France :
1995-2007 : 118 sélections ; 40 points (8 essais)

ABDELATIF BENAZZI

Né le : 20 août 1968 à Oujda (Maroc)
En équipe de France :
1990-2001 : 78 sélections ; 45 points (9 essais)

HEUREUSEMENT que ses deux matchs avec le Maroc ne l'ont pas empêché d'intégrer l'équipe de France un an avant le Mondial 1991. Ça aurait été vraiment dommage de se priver de cette force de la nature à l'impact physique détonnant, capable d'évoluer en deuxième comme en troisième ligne. Une polyvalence qui lui a permis de devenir le troisième joueur français le plus capé en coupe du monde avec 15 matchs en 1991, 1995 et 1999.

SANS OUBLIER : Colin Meads (NZL), Bakkies Botha (AFS), Olivier Merle (FRA)

DEHORS !!!
BOM
AÏE !
J'AI DÉJÀ DIT DEHORS !
L'ENTRAÎNEMENT DES 2es LIGNES !
OUI, MAIS LÀ, ON A PLUS LA HAUTEUR POUR SE REPÉRER !
UN PELOUS, UN MERLE, ÇA SAUTAIT SEUL, SANS SOUTIEN !
OU ALORS ÇA SE VOYAIT !
BIENTÔT, IL VOUS FAUDRA DES CRAMPONS À RESSORT, DES SHORTS SPÉCIAUX, DES...
HÉ ! VOUS ME DESCENDEZ ?
VOUS NE RISQUEZ PAS LES PLACAGES HAUTS... VOUS ÊTES LES PLUS GRANDS SUR LES PHOTOS ! ALORS LE PROCHAIN MATCH...
JE VEUX TOUTES LES BALLES EN TOUCHE !!!
ET LE SOIR...
PAS CON, L'IDÉE DES POIGNÉES SUR LE SHORT ! QU'EN DIT LE BOARD ?
RIEN ! ÇA DEVRAIT ÊTRE JOUABLE !

AVEC SA STATURE D'HOMME le plus grand et le plus lourd sur le terrain, le deuxième-ligne ne fait jamais l'économie d'un peu de ménage et de recadrage des adversaires, dans les règles autant que possible. Question jeu, s'il fait, environ, 2 mètres, c'est bien pour s'envoler dans les airs. Et même si les troisième-ligne piquent parfois leur boulot en touche, l'aspect « aérien » reste prépondérant.

“ **Ah bon ?**
C'est ce petit truc jaune ? ”

John Eales et Martin Johnson, capitaines champions du monde, à propos du trophée Webb Ellis

LUI, C'EST « *NOBODY* » (personne) car *Nobody is perfect* (Personne n'est parfait en traduction littérale). Pensez donc, John Eales, c'est à la fois un deuxième-ligne toujours présent dans les tâches de devoir, un double champion du monde (1991 et 1999) et un buteur. Oui, un buteur, le dernier avant-buteur de l'histoire du rugby international. Son dernier exploit dans ce rôle remonte au 5 août 2000 où, d'un but de pénalité en coin, il avait offert la victoire à l'Australie (24-23) en fin de match face à la Nouvelle-Zélande. Un moment à peine croyable.

JOHN EALES
Né le : 27 juin 1970 à Brisbane (Australie)
Taille : 2 m – **Poids de forme :** 115 kg
Clubs : Queensland Reds (AUS, 1990-2001)
En équipe d'Australie :
1991-2001 : 86 sélections ; 173 points (2 essais, 31 transformations, 34 pénalités)

MARTIN JOHNSON
Né le : 9 mars 1970 à Solihull (Angleterre)
En équipe d'Angleterre :
1993-2003 : 84 sélections ; 10 points (2 essais)

AVEC SA MINE PRESQUE TOUJOURS RENFROGNÉE, il provoque une sorte de double effet « Johnson ». Si vous êtes dans son équipe, voir sa bouille agacée vous tranquillise complètement. Le deuxième effet « Martin Johnson », qui a quand même été le capitaine des Champions du monde anglais en 2003, c'était pour ses adversaires. Rien qu'à le voir entrer sur le terrain, l'air énervé, le niveau de stress augmentait tout seul.

SANS OUBLIER : Victor Matfield (AFS), Willie John McBride (IRL), Bill Beaumont (ANG)

ÇA VA PAS, ÉVEREST ?
J'AI MAL AUX REINS !
AÏE !
T'AS ENCORE TROP FAIT LE BOURRIN POUR TOURNER LA MÊLÉE ?
NON ! NON ! C'EST PAS ÇA !
ALORS, C'EST QUOI ?
LES LANCERS DE PIZZAÏOLO DU TALONNEUR ?
NON ! IL ARRIVE À LANCER COMME UN CRÊPIER MAINTENANT !
ON VOUS A POURTANT RECRUTÉ DES SOUTIENS DE PLUS DE 2 MÈTRES ! J'COMPRENDS PAS !
BEN JUSTEMENT ! PUISQU'ON EN CAUSE !...
?
...VENEZ VOIR !
ILS ME LÈVENT SI HAUT...
QUE JE SUIS OBLIGÉ DE ME BAISSER POUR PRENDRE LA BALLE !
AÏE !
13

TROISIÈME-LIGNE AILE

ÊTRE PARTOUT. Le troisième-ligne aile ou *flanker* n'a pas le choix. Son jeu à lui, c'est d'être capable de se trouver où le jeu se déroule. Costaud mais pas autant que ses piliers, grand mais pas autant que ses deuxième-ligne, rapide mais un peu moins que ses trois-quarts… Il doit combiner un peu toutes les qualités à la fois pour bien tenir son rôle.

> « **Le rugby** c'est comme l'amour, il faut donner (son sang ?) avant de prendre »
>
> Jean-Pierre Rives

PRENEZ UN MAILLOT BLANC, ajoutez-y des cheveux longs et blonds, surnommez le joueur Casque d'or au passage pour donner un peu plus de lustre à l'histoire, faites saigner du front, laissez quelques photos se faire. Et voilà, vous avez une légende. Qu'il le veuille ou non, Jean-Pierre Rives laissera cette image. Celle du capitaine de l'équipe de France en sang, le maillot maculé de rouge. Première « méga-star » du rugby, son engagement n'a jamais été pris en défaut sur le terrain. Il l'a amené à remporter deux grands chelems mythiques en 1977 et 1981 mais jamais un titre de champion de France…

JEAN-PIERRE RIVES

Né le : 31 décembre 1952 à Toulouse (Haute-Garonne)
Taille : 1,80 m – **Poids de forme :** 85 kg
Clubs : TOEC (1967-1972) ; Beaumont (1972-1974) ; Toulouse (1974-1981) ; Racing CF (1981-1986).
En équipe de France :
1975-1984 : 59 sélections ; 20 points (5 essais)

OLIVIER MAGNE

Né le : 11 avril 1973 à Aurillac (Cantal)
En équipe de France :
1997-2007 : 89 sélections ; 70 points (14 essais)

DÉVOREUR D'ESPACES, Charly (pour « CharlyMagne »…) n'avait pas son pareil pour provoquer de grandes envolées. Il est, avec Pelous, l'un des deux seuls avants français à compter quatre grands chelems. Au cours de ses deux Coupes du monde (1999 et 2003), il a pris part à tous les matchs des Bleus. Dont la fameuse demi-finale 1999 contre les All Blacks. On le revoit encore taper dans ce ballon perdu par les Néo-Zélandais, puis jouer de nouveau au pied à pleine vitesse, offrant l'essai à Bernat-Salles.

SANS OUBLIER : Michael Jones (NZL), Serge Betsen (FRA), Fergus Slattery (IRL)

LES PETITS, AUJOURD'HUI, SOYEZ SAIGNANTS ! C'EST UN MATCH CAPITAL !
Y A INTÉRÊT !
ON EST PRÊTS !
3
LE 6 AVEC MOI ! JE VAIS TE RACONTER UNE HISTOIRE.
?
L'HISTOIRE DE "CASQUE D'OR" ! ON ÉTAIT EN MARS 1983. FRANCE - PAYS DE GALLES. LORS D'UNE DÉFENSE HÉROÏQUE...
... CASQUE D'OR SURNOMMÉ AUSSI "L'ANGE BLOND" SE RETROUVA EN SANG, MACULANT SON JOLI MAILLOT BLANC !
ON APPRIT PAR LA SUITE QU'EN HEURTANT SON ARRIÈRE, SERGE BLANCO, IL LUI AVAIT FRACTURÉ LE NEZ ! CASQUE D'OR, LUI, N'AVAIT RIEN !
OUF !
AU BANQUET FINAL, CASQUE D'OR OFFRIT SON MAILLOT ENSANGLANTÉ À ROGER COUDERC, QUI ARRÊTAIT SA CARRIÈRE DE JOURNALISTE APRÈS AVOIR DIT : "QU'IL POUVAIT MOURIR !"
NOUS, ON NOUS FAIT SORTIR AU MOINDRE SAIGNEMENT !
ALORS TU ME DÉCOUPES TOUT CE QUI VIENT D'EN FACE ! TU DÉBLAYES ! TU HACHES MENU, MENU SUR UN TRAIN DE SÉCATEUR !
ELLE EST BELLE VOTRE HISTOIRE !
SNIF !
JE VAIS ESSAYER DE M'EN MONTRER DIGNE ! J'AI BIEN TOUT COMPRIS !
80 MINUTES PLUS TARD...
POUR VOUS, COACH !
J'AI ÉTÉ BON ?
LA VIDÉO, VITE ! JE VEUX SAVOIR QUI EST LE CON QUI M'A FAIT ÇA !
15
15

TROISIÈME-LIGNE AILE

COMME CERTAINS OUTILS, le *flanker* doit avoir au moins deux « fonctions ». On parle de plaqueur-gratteur ou de sauteur-coureur. Le premier est un joueur plutôt « petit » et surtout capable de voler des ballons dans le jeu au sol. Le second est d'allure plus longiligne. Sa première spécialité, c'est la touche, et la seconde, c'est de savoir coller au cul de ses trois-quarts. Mais pas les deux en même temps !

> **“Numéro 7, vous êtes hors jeu !”**
>
> Phrase prononcée au moins une fois par match par un arbitre

MEILLEUR JOUEUR de l'année 2006, 2009 et 2010 pour la Fédération internationale de rugby, le capitaine des All Blacks va donner son nom au trophée si ça continue… En même temps, comment ne pas être admiratif devant ce joueur toujours au cœur du combat, qui a débuté, sans sourciller, à 20 ans chez les All Blacks (élu homme du match dès sa première cape) et qui porte la charge de capitaine des All Blacks (de réputation plus dure que celle de Premier ministre) avec la légèreté d'un ado ? Il ne manquerait plus qu'il offre le trophée mondial à la Nouvelle-Zélande pour devenir un mythe.

RICHARD McCAW
Né le : 31 décembre 1980 à Oamaru (Nouvelle-Zélande)
Taille : 1,87 m – **Poids de forme :** 106 kg
Clubs : Canterbury Crusaders (depuis 2000)
En équipe de Nouvelle-Zélande :
Depuis 2001 : 94 sélections ; 95 points (19 essais)

NEIL BACK
Né le : 16 janvier 1969 à Coventry (Angleterre)
En équipe d'Angleterre :
1994-2003 : 66 sélections ; 83 points (16 essais, 1 drop)

VIF, MOBILE, HYPERDOUÉ dans le jeu au sol, il a fait culminer sa carrière en étant sacré champion du monde en 2003 avec l'Angleterre. Sa légende retiendra aussi qu'il a rejoué, à sa sauce, la scène de la « main de dieu ». Finale de Coupe d'Europe 2002, cinq minutes à jouer et six points d'avance pour son club, Leicester (15-9). Sur une mêlée à cinq mètres de son en-but, le ballon n'est même pas introduit qu'il tape dessus et le rabat dans son camp, ni vu ni connu... Et un titre européen de plus, un.

SANS OUBLIER : John Jeffrey (ECO), Thierry Dusautoir (FRA), Graham Mourie (NZL)

BON! À TOI, JE VAIS PAS TE RACONTER D'HISTOIRE...
TAP! TAP! TAP!
VAUT MIEUX PAS!
EN TOUCHE, TU SOUTIENS TRÈS BIEN, C'EST PAS LA QUESTION...
C'EST JUSTE!
TU SAUTES MÊME POUR CHIPER DES BALLONS À L'OCCASION!
OUAIS!
EN MÊLÉE, RIEN À DIRE! TU POUSSES, TU ORIENTES, TU VERROUILLES...
OUTCH!
C'EST LA MOINDRE DES CHOSES.
TU PROTÈGES BIEN TON DEMI DE MÊLÉE À L'ACCOUCHEMENT...
TU ATTAQUES BIEN LA LIGNE POUR LANCER LE JEU APRÈS UN RUCK! PAS DE PROBLÈME!...
...TU DÉFENDS À MERVEILLE EN RÉCUPÉRANT LA GONFLE...
OUI, JE L'FAIS BIEN AUSSI!
DONNE LA BABALLE!
PAR CONTRE, IL Y A UNE PHASE DE JEU OÙ TU AS DES LACUNES...
C'EST LA 3e MI-TEMPS! QU'EST-CE QUE C'EST QUE CET ARRÊT MALADIE POUR FRACTURE DU FOIE?
DÉSOLÉ, COACH! MANQUE D'ÉCHAUFFEMENT! J'AI ATTAQUÉ DIRECTEMENT À L'ARMAGNAC!
19

TROISIÈME-LIGNE CENTRE

8

C'EST À CE JOUEUR QUE REVIENT LE RÔLE de gérer les ballons derrière la mêlée : garder le ballon dans la mêlée parce qu'elle avance ? Partir tout seul ou alors feinter pour servir son numéro 9 ? Ou encore lui donner directement la balle ? Par rapport à ses compères 6 et 7, le numéro 8 est complémentaire, un peu plus puissant et davantage tourné vers les tâches offensives.

> **« Si je n'avais pas eu mon nez, je la prenais en pleine poire ! »**
>
> Walter Spanghero, expert en anatomie du visage

C'EST LA CLASSE à l'anglaise avec port légèrement altier et attitude un peu agaçante sur le terrain. Et qui peut se targuer d'avoir terminé sa carrière internationale sur une finale de Coupe du monde, en 2007 (perdue, après celle, gagnée, de 2003), et sa carrière tout court sur un titre de champion d'Angleterre, en 2008 avec *standing ovation* à la sortie ? C'est Lawrence Dallaglio. Et puis un joueur qui annonce, même si c'était dans une publicité, « J'aime le rugby français » et « Vive les Bleus » ne peut pas être foncièrement mauvais…

LAWRENCE DALLAGLIO
Né le : 10 août 1972 à Londres (Angleterre)
Taille : 1,93 m – **Poids de forme :** 112 kg
Club : London Wasps (1990-2008)
En équipe d'Angleterre :
1995-2007 : 85 sélections ; 85 points (17 essais)

WALTER SPANGHERO
Né le : 21 décembre 1943 à Payra-sur-l'Hers (Aude)
En équipe de France :
1964-1973 : 51 sélections ; 14 points (4 essais)

ON AURAIT PRESQUE PU REMPLIR LE LIVRE avec la famille Spanghero. Il a fallu choisir et « Oualtère » s'est imposé. Ses mains version « battoirs », son accent rocailleux et son phrasé unique (*cf.* le nez et la poire) en font l'icône parfaite du rugby « d'avant », celui des épopées loin des caméras de télévision et du premier grand chelem français en 1968.

SANS OUBLIER : Zinzan Brooke (NZL), Morne du Plessis (AFS), Brian Lochore (NZL)

COACH, JE VOUDRAIS M'ESSAYER EN N° 8!
?
J'VEUX BIEN, MAIS FAIS VOIR TA GUEULE! PAS DE NEZ... REGARD DOUX... LES DENTS, ÇA VA...
CHEVELURE QUELCONQUE... MENTON NORMAL... ON VA VOIR SI TU PRENDS BIEN LA LUMIÈRE...
J'ME VOIS BIEN EN COUVERTURE.
PLUS TARD...
PAS BIEN TERRIBLE! LE 8, C'EST LE PLUS MÉDIATIQUE! FAUT UNE TRONCHE COMME "L'HOMME DE FER"! ⊛
ENFIN, ON TENTE! POUR CE MATCH, TU FAIS LE CENTRE, ET N'OUBLIE PAS, HEIN, TAMPONS ET CARAMELS! VAS-Y!
ALLEZ, PETIT, TU ME BONIFIES LES BALLONS! ET POLYVALENT! PARTOUT! T'AS COMPRIS LE COUP?
BUNK!
⊛ WALTER SPANGHERO
ALLEZ! ON Y RETOURNE! UNE 89! AU CHARBON, PETIT!
BOM!
GROUPÉ PÉNÉTRANT! ON S'EXTRAIT! ON PASSE LA LIGNE D'AVANTAGE!
BLAM! BONG!
AH BEN VOILÀ! ENCORE QUELQUES MATCHS ET ÇA SERA PARFAIT!
17

QUAND ON EST LE PLUS PETIT GABARIT sur le terrain, il faut avoir quelques arguments à faire valoir dans ce combat physiquement inégal. Du coup, les demis de mêlée ont plus d'un tour dans leur sac : ils sont teigneux, casse-bonbons et parfois insupportables quand ils ouvrent la bouche. Enfin, n'oublions pas leur habitude de filouter en permanence.

« À malin, malin et demi de mêlée »

vieux proverbe gallois.

EST-IL BESOIN DE PRÉSENTER l'homme qui a marqué le plus bel essai de tous les temps, concluant 23 secondes de grâce lors de ce All Blacks – Barbarians de 1973 ? Est-il besoin de dire qui est ce Gallois statufié de son vivant à Cardiff, la ville où il a toujours évolué ? D'ajouter qu'il a gagné cinq fois le Tournoi entre 1969 et 1978, faisant trois grands chelems ? Et qu'il a participé à trois tournées des Lions britanniques et irlandais en 1968, 1971 et 1974 ? Mais bon, si vous ne connaissez pas Gareth Edwards, sachez juste qu'il a été élu meilleur joueur gallois de tous les temps en 2001.

GARETH EDWARDS

Né le : 12 juillet 1947 à Pontardawe (pays de Galles)
Taille : 1,73 m – **Poids de forme :** 80 kg
Club : Cardiff (1966-1978)
En équipe du pays de Galles :
1967-1978 : 53 sélections ; 91 points (20 essais, 2 transformations, 1 pénalité, 4 drop goals)

GEORGE GREGAN

Né le : 19 avril 1973 à Ndola (Zambie)
En équipe d'Australie :
1994-2007 : 139 sélections ; 99 points (18 essais, 3 drop goals)

ON S'EST DEMANDÉ S'IL ALLAIT UN JOUR S'ARRÊTER. 139 sélections, c'est un total « gastronomique » comme dirait l'autre. Le plus étonnant avec ce champion du monde 1999, c'était sa capacité à défendre malgré son gabarit (1,74 m, 76 kg). Il pouvait faire « exploser » le ballon des mains d'un ailier plongeant à l'essai comme faire tomber Jonah Lomu avec sa technique particulière : une main à la taille, une autre au bras et on se laisse tomber pour entraîner le géant All Black au sol.

SANS OUBLIER : Nick Farr-Jones (AUS), Joost Van der Westhuizen (AFS), Guy Camberabero (FRA)

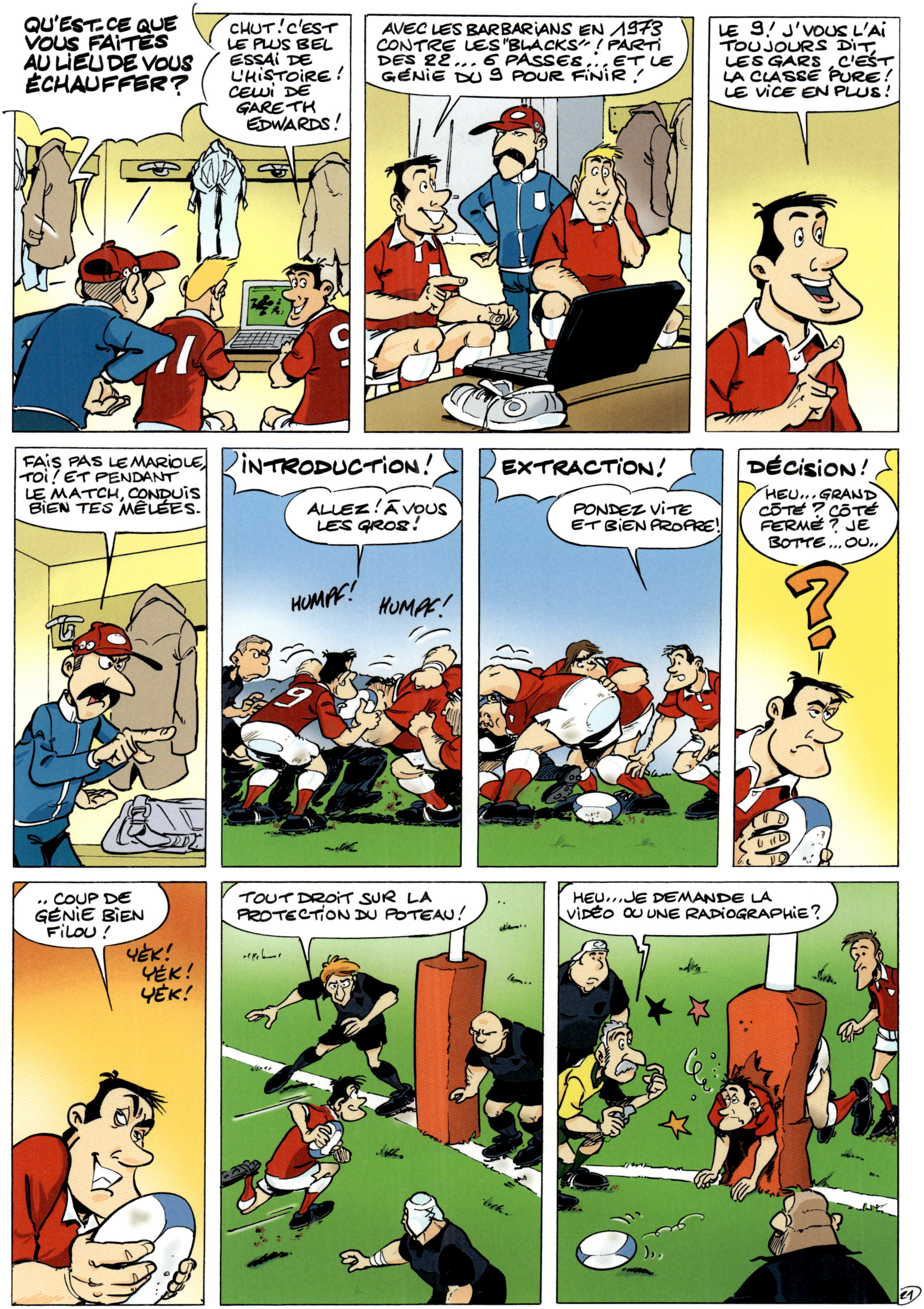
QU'EST-CE QUE VOUS FAITES AU LIEU DE VOUS ÉCHAUFFER ?
CHUT ! C'EST LE PLUS BEL ESSAI DE L'HISTOIRE ! CELUI DE GARETH EDWARDS !
AVEC LES BARBARIANS EN 1973 CONTRE LES "BLACKS" ! PARTI DES 22... 6 PASSES... ET LE GÉNIE DU 9 POUR FINIR !
LE 9 ! J'VOUS L'AI TOUJOURS DIT, LES GARS, C'EST LA CLASSE PURE ! LE VICE EN PLUS !
FAIS PAS LE MARIOLE, TOI ! ET PENDANT LE MATCH, CONDUIS BIEN TES MÊLÉES.
INTRODUCTION !
ALLEZ ! À VOUS LES GROS !
HUMPF !
HUMPF !
EXTRACTION !
PONDEZ VITE ET BIEN PROPRE !
DÉCISION !
HEU... GRAND CÔTÉ ? CÔTÉ FERMÉ ? JE BOTTE... OU..
?
.. COUP DE GÉNIE BIEN FILOU !
YÉK ! YÉK ! YÉK !
TOUT DROIT SUR LA PROTECTION DU POTEAU !
HEU... JE DEMANDE LA VIDÉO OU UNE RADIOGRAPHIE ?
21

DEMI D'OUVERTURE

À CE POSTE, LE PLUS DUR, c'est de faire le bon choix. Jouer à la main ? OK, mais par une course ou une passe ? Et puis une passe au premier centre ? Ou bien au second ? Et pourquoi pas « intérieur » à l'ailier ? Et au pied, que faire ? Un long dégagement ? Un petit coup de pied par-dessus sinon… ou alors une chandelle ? Autant de questions auxquelles il faut répondre très vite car les troisième-ligne veillent !

« C'est tellement facile de mettre dans le 1000 ! »

Jonny Wilkinson et Dan Carter, troisième et quatrième joueurs à passer la barre des 1000 points au niveau international.

QUAND, POUR SA PREMIÈRE TITULARISATION internationale, on encaisse un 76-0 en Australie, quelle est la probabilité pour que, cinq ans plus tard, face à la même équipe, on inscrive, en finale de la Coupe du monde 2003, le drop goal victorieux au bout de la prolongation ? Franchement faible. Comme celle d'amener son équipe en finale du Mondial suivant après avoir été blessé quatre ans sans discontinuer… Mais « Wilko », c'est cette « anomalie ». Ce drôle de joueur, maniaque dans son approche du jeu, stakhanoviste dans son entraînement, presque maso avec son corps tellement il lui a « demandé ».

JONNY WILKINSON

Né le : 25 mai 1979 à Frimley (Angleterre)
Taille : 1,78 m – **Poids de forme :** 88 kg
Clubs : Newcastle (ANG, 1997-2009), Toulon (depuis 2009)
En équipe d'Angleterre :
Depuis 1998 : 85 sélections ; 1128 points (6 essais, 153 transformations, 231 pénalités, 33 drop-goals)

DAN CARTER

Né le : 5 mars 1982 à Southbridge (Nouvelle-Zélande)
En équipe de Nouvelle-Zélande :
Depuis 2003 : 79 sélections ; 1188 points (29 essais, 208 transformations, 207 pénalités, 2 drop goals)

ON LE HAIT. Une belle gueule, un physique de jeune premier, pas une égratignure après un match de 80 minutes. Et puis du talent… Prendre les intervalles, faire des passes impossibles, trouver la solution quand tout semble fermé, c'est facile pour lui. Et la perfection, ça énerve. Sa rupture du tendon d'Achille, avec Perpignan en 2009, nous a un peu attendris, c'est vrai. Mais qu'il offre un deuxième titre mond al à la Nouvelle-Zélande et on ne pourrait définitivement plus le supporter.

SANS OUBLIER : Hugo Porta (ARG), Phil Bennett (GAL), Stephen Larkham (AUS)

EH! TU AS VU CE QU'ILS DISENT SUR LE 10?
ILS PARLENT DE MOI?
MIDOL
HEU... PAS VRAIMENT! JE CITE "JEU AU PIED PARFAIT..."
REGARDE! COUP DE PIED À SUIVRE DANS LES 22 M ADVERSES AVEC REBOND JUSTE AVANT LA LIGNE!
MIDOL
HOURCADE SIGNE AU R.C.T.!
ET À LA FIN DE L'ENVOI... JE TOUCHE!
PAF!
"...C'EST SOUVENT LE BUTEUR ATTITRÉ POUR LES PÉNALITÉS"
HOP! 40 M EN COIN!
JE VISE LE POTEAU DU MILIEU!
PAF!
"...IL SAIT AUSSI ATTAQUER POUR SERVIR ET COMBINER AVEC SES 3/4!..."
CHISTERA POUR LE CENTRE QUI PASSE À L'AILE!
"...IL MAÎTRISE LA PASSE AU PIED ET LE PLACAGE..."
HÉ! HÉ! UN VRAI DEMI DE FERMETURE!
LÀ, JE SUIS MOINS D'ACCORD: "ON LE RETROUVE À LA COMMANDE APRÈS UNE TOUCHE OU UNE MÊLÉE..."
LE CHEF C'EST MOI!
HEU... DISONS QUE C'EST LA CHARNIÈRE!
MIDOL
HOURCADE RESTE AU F.C.G.
T'OUBLIES LES DROPS!?! ALBALADEJO QUI EN PASSE 3 CONTRE L'IRLANDE EN 1960 ET GUY CAMBERABERO QUI MET 8 POINTS À CARDIFF POUR LE 1er GRAND CHELEM EN 1968!
À PROPOS DE 68, UNE PASSE LOURDE, ÇA TE VA?
OUI, MAIS PAS UNE PASSE DE MAÇON!
23

AU DÉPART, C'EST LA POSITION DU DÉBUTANT. Toisant la recrue, l'entraîneur réfléchit : « Euh… bon, place-toi ailier. ». On « repousse » vers la ligne de touche le nouveau en se disant : moins il touchera la balle, mieux l'équipe se portera. À haut niveau, c'est l'inverse. Si un ailier, dont la seule obsession est de visiter l'en-but adverse, a souvent le ballon, c'est signe que l'équipe va bien.

« **Des joueurs comme lui, j'en ai connu beaucoup ! Mais aucun n'était ailier…** »

Colin Meads, ancien All Black, à propos de Lomu

PERSONNE n'a autant marqué le rugby que ce joueur, mélange unique de force et de vitesse. *Power within* (puissance à l'intérieur), annonce un de ses tatouages. C'est peu de le dire… S'il fallait retenir une seule action, ce serait le premier de ses quatre essais face à l'Angleterre en demi-finale du Mondial 1995 (45-29). Un ballon récupéré à 40 mètres de l'en-but, un premier raffût du bout des doigts sur Tony Underwood, une cuillère de Will Carling qui le fait à peine vaciller et, cerise sur le gâteau, un énorme carton sur Mike Catt, écrabouillé. Le rêve de tout joueur français de l'époque…

JONAH LOMU

Né le : 12 mai 1975 à Auckland (Nouvelle-Zélande)
Taille : 1,96 m – **Poids de forme :** 120 kg
Clubs : Auckland Blues (NZL, 1996-1998) ; Waikato Chiefs (NZL, 1999) ; Wellington Hurricanes (NZL, 2000-2003) ; Cardiff (GAL, 2005-2006) ; North Harbour (NZL, 2006) ; Marseille (Fédérale 1, 2009-2010)
En équipe de Nouvelle-Zélande :
1994-2002 : 63 sélections ; 185 points (37 essais)

DAVID CAMPESE

Né le : 21 octobre 1962 à Queanbeyan (Australie)
En équipe d'Australie :
1982-1996 : 101 sélections ; 315 points (64 essais, 8 transformations, 7 pénalités, 2 drop goals)

MEILLEUR MARQUEUR D'ESSAIS au niveau international, « Campo », spécialiste du pas de l'oie, a réalisé un des gestes les plus incroyables de l'histoire du rugby en « jetant » bizarrement la balle par-dessus son épaule droite, face aux All Blacks en demi-finale de la Coupe du monde 1991. Une inspiration géniale, le ballon tombant dans les bras de Tim Horan pour le deuxième essai d'une victoire, 16-6, sur le chemin du premier titre mondial australien.

SANS OUBLIER : John Kirwan (NZL), Christophe Dominici (FRA), André Boniface (FRA)

C'EST QUOI CE MAILLOT ?
CELUI DE CÉDRIC HEYMANS CONTRE LES ALL BLACKS !
SUPER ! JE ME SOUVIENS ! JUIN 2009 ! MAGNIFIQUE ! OUVERTURE JUSQU'À L'AILE ET SLALOM !
ET TU VAS PLUS VITE AVEC ?
J'AI AUSSI LES CHAUSSETTES DE SAINT-ANDRÉ ! TU SAIS, L'ESSAI DE 110M CONTRE L'ANGLETERRE EN 91 ! VISE CE DÉMARRAGE !
AVEC ÇA, JE PRENDS LE COULOIR ET ON NE ME REVOIT QU'EN TERRE PROMISE !
LES POMPES DE SADOURNY POUR L'ESSAI DU BOUT DU MONDE ! DERNIÈRE MINUTE DU TEST CONTRE LES BLACKS EN 94 ! ⊗
HOP ! CONTRE-PIED ! CADRAGE-DÉBO ! HOP !
14
⊗ ESSAI DU SIÈCLE (SUNDAY TIMES)
PETIT COUP DE PIED POUR LOBER LE DERNIER DÉFENSEUR ET...
15
...JE MAR...
...QUE PAS !!!
SPLAF !
ET TU MEURS JUSTE À 5 CM DE LA LIGNE COMME BENAZZI EN DEMI-FINALE EN 95 !
LE SHORT DE LOMU UN PEU GRAND, NON ?
25

TROIS-QUARTS CENTRE

12

DERNIER ORGANISATEUR DU JEU ou premier pur attaquant, le numéro 12 est un peu les deux. Si un ouvreur a trop de pression, il lui « léguera », d'une passe, la responsabilité du jeu. C'est un des postes où la morphologie a le plus évolué au fil des années. Originellement joueur d'évitement, et de courses chaloupées, le premier centre est devenu plus costaud, pour pouvoir tenir debout dans la défense.

> **Être le centre d'attentions,** c'est bien, mais il faut aussi savoir trouver le juste milieu.

Jo Maso, ancien sujet de controverse.

DANS UN PAYS OÙ L'EMBLÈME, le trèfle, tient surtout du symbole religieux (merci saint Patrick), sa carrière ne pouvait être que « mystique ». Il y a d'abord eu ce drôle de signe, mains en cercle, en 2000 face aux Bleus (27-20). Ce jour-là, il signa chacun de ses trois essais avec ce geste. Longtemps on s'est interrogés… Puis il a révélé que c'était l'objet d'un pari. Ça n'a pas empêché BOD de devenir l'égal de God (Dieu) pour ses fans. « *In BOD we trust* », disent-ils, parodiant « *In God we trust* » (en Dieu nous croyons).

BRIAN O'DRISCOLL
Né le : 21 janvier 1979 à Dublin (Irlande)
Taille : 1,78 m - **Poids de forme :** 95 kg
Clubs : Leinster (IRL, depuis 1999)
En équipe d'Irlande :
Depuis 1999 : 112 sélections ; 235 points (44 essais, 5 drop goals)

Jo MASO
Né le : 27 décembre 1944 à Toulouse (Haute-Garonne)
En équipe de France :
1966-1973 : 25 sélections ; 15 points (4 essais)

QUI AUJOURD'HUI pourrait croire que le nom de Jo Maso a longtemps été associé à la polémique et aux débats sulfureux ? Personne, quand on entend le manager de l'équipe de France arrondir les angles autour des Bleus. Et pourtant… Sa gueule d'ange et ses cheveux longs en ont provoqué des discussions. Ce génie ballon en mains a eu la « malchance » de jouer au cœur d'une drôle de période. Cheveux longs, idées courtes, le fameux titre de Johnny est sorti l'année de la première sélection de « Jo ». Et les dirigeants de la Fédération française de rugby étaient, à l'époque, assez d'accord avec ce propos…

SANS OUBLIER : Mike Gibson (IRL), Tim Horan (AUS), Jeremy Guscott (ANG).

BON, LES CENTRES, DÈS LE PREMIER MATCH, JE VEUX DE LA BONNE TRANSMISSION ET DE L'IMAGINATION !...
PARLEZ-VOUS !
C'EST QUE... AVEC LES NOUVELLES RECRUES, ON A DES PROBLÈMES DE LANGUE, COACH !
C'EST VRAI QUE CETTE ANNÉE, J'AI UN ANGLAIS, 2 ITALIENS, 1 SUD'AF ET 2 FIDJIENS ! ELLE EST "BABEL", MON ÉQUIPE !
Z'AVEZ QU'À CAUSER ENGLISH !
HEU... AÏL AMEU TRI ON FOR CENTER, YOU TOU ? AÏL SPIKE JEUSTE EU LITOLE BITE ?
U2 ? ACDC ?
AH BON ?
COMMENT ÇA, "ASSEZ D'ESSAIS" ? NEVER TRAILLE ENOUGH ?
I'AM NOT TRAILLE !
HOU LÀ LÀ ! MAIS QU'EST-CE QU'ILS ME FONT, CES DEUX-LÀ ? ON NE VA PAS Y ARRIVER !!!
REUNE DERRIÈRE MI !
YOU VONTE AÏL CROSSE OVAIRE ! OR YOU FEINTED ZE PASSE ?
VINDIOU ! JE NE L'AI PAS ENCORE, MA PAIRE DE CENTRES DE RÊVE COMME CODORNIOU ET MASO À NARBONNE !!!
MAIS ?! ATTENDEZ !
...TOI LE 12, TU ES NÉ À MÉZYDUGNAC DANS LE GERS... TU SAIS D'OÙ IL VIENT, L'AUTRE CENTRE ?
REALLY ?
DE COGNELEPAC, DANS LE LOT, CON !!!
TU CONNAIS LE PATOIS DE LA-BAS ?
27

TROIS-QUARTS CENTRE

13

LE SECOND CENTRE EST AUSSI LE PREMIER profiteur. Dit comme ça, c'est un peu péjoratif. Mais en matière d'attaque, normalement, il doit profiter en premier de tout le travail d'organisation et de sape de son ouvreur puis de son premier centre. Très vif, plutôt rapide, son boulot, c'est de repérer la faille dans la défense adverse. Et surtout de s'y engouffrer !

« **Attention** au premier qui dira que le 13 est un chiffre porte-malheur ! »

Philippe Sella, pas superstitieux

AVEC TANA, c'est une histoire de *mana*. Ce terme polynésien (Umaga vient des Samoa) évoque l'aura d'un joueur, d'un homme sur ceux qui l'entourent. Avec sa tronche de « Predator », ses éternelles dreadlocks et son quintal, Umaga a tout du leader écouté et respecté. Grand joueur, puissant, doté d'une passe incroyable, il a aussi fait parler de lui en tant qu'homme, sur le terrain. En juin 2003, il a pris soin de mettre en position de sécurité le Gallois Colin Charvis, K.-O., il a obtenu en fin d'année la médaille Pierre-de-Coubertin de la part du comité international pour le fair-play.

TANA UMAGA

Né le : 27 mai 1973 à Lower Hutt (Nouvelle-Zélande)
Taille : 1,87 m – **Poids de forme :** 101 kg
Clubs : Wellington Hurricanes (NZL, 1996-2007), Toulon (2006, 2007-2010), Waikato Chiefs (NZL, depuis 2010).
En équipe de Nouvelle-Zélande :
1997-2005 : 74 sélections ; 180 points (36 essais)

PHILIPPE SELLA

Né le : 14 février 1962 à Tonneins (Lot-et-Garonne)
En équipe de France :
1982-1995 : 111 sélections ; 125 points (30 essais)

INCROYABLE, c'est l'adjectif qui qualifie le mieux à l'ancien centre d'Agen. Il a défié la logique sur tellement de points… Par sa longévité d'abord et son nombre de sélections énormissime pour son époque. Par son essai de 70 mètres après une interception face à l'Angleterre en 1987, aussi. Mais son carton rouge reçu lors d'un match contre le Canada en 1994 était tout aussi incroyable. Tellement peu croyable d'ailleurs que la commission de discipline l'a annulé.

SANS OUBLIER : Will Carling (ANG), André Boniface (FRA), Didier Codorniou (FRA)

J'AI LA GNAQUE AUJOURD'HUI ! JE VAIS DÉCHIRER LE RIDEAU !
JE VAIS ATTAQUER LA LIGNE À FOND ! LES PERFORER FAÇON O'DRISCOLL !
BA
RES
SI ÇA SORT POUR NOUS... 'VONT AVOIR DE L'UMAGA EN FACE D'EUX !!!
C'EST PAS VRAI ! IL JOUE ENCORE "PETIT CÔTÉ" !!!
ET MOI ALORS ?
J'Y CROIS PAS ! UN COUP DE PIED DANS LA BOÎTE MAINTENANT !
AH ! ENFIN, IL OUVRE !!!
ARF ! ARF !
ÇA VA ÊTRE BON !
JE SUIS PRÊT !
CHAUD !
BOUILLANT !
L'ENFOIRÉ ! UNE PASSE SAUTÉE !!! IL EST SUPERSTITIEUX OU QUOI ?!?
DES MOIS PLUS TARD...
MR DECU
DES TRIPLÉS ! DE BEAUX GAILLARDS !
ALORS DOUBLEZ LES RATIONS... ILS SERONT 1RE LIGNE ! AU MOINS ILS TOUCHERONT DES BALLONS !!!
29

AILIER DROIT

POUR MARQUER DES ESSAIS, un ailier a deux possibilités. Il peut jouer les feux follets, en allant au milieu du terrain, à gauche, au fond, voire au milieu de ses avants, mais toujours prêt à franchir la ligne d'essai. La deuxième option, c'est d'attendre sur son aile. Un brin barbant mais efficace : oublié par ses adversaires, il n'y a tout au plus « que » l'ailier adverse à déborder pour aller marquer.

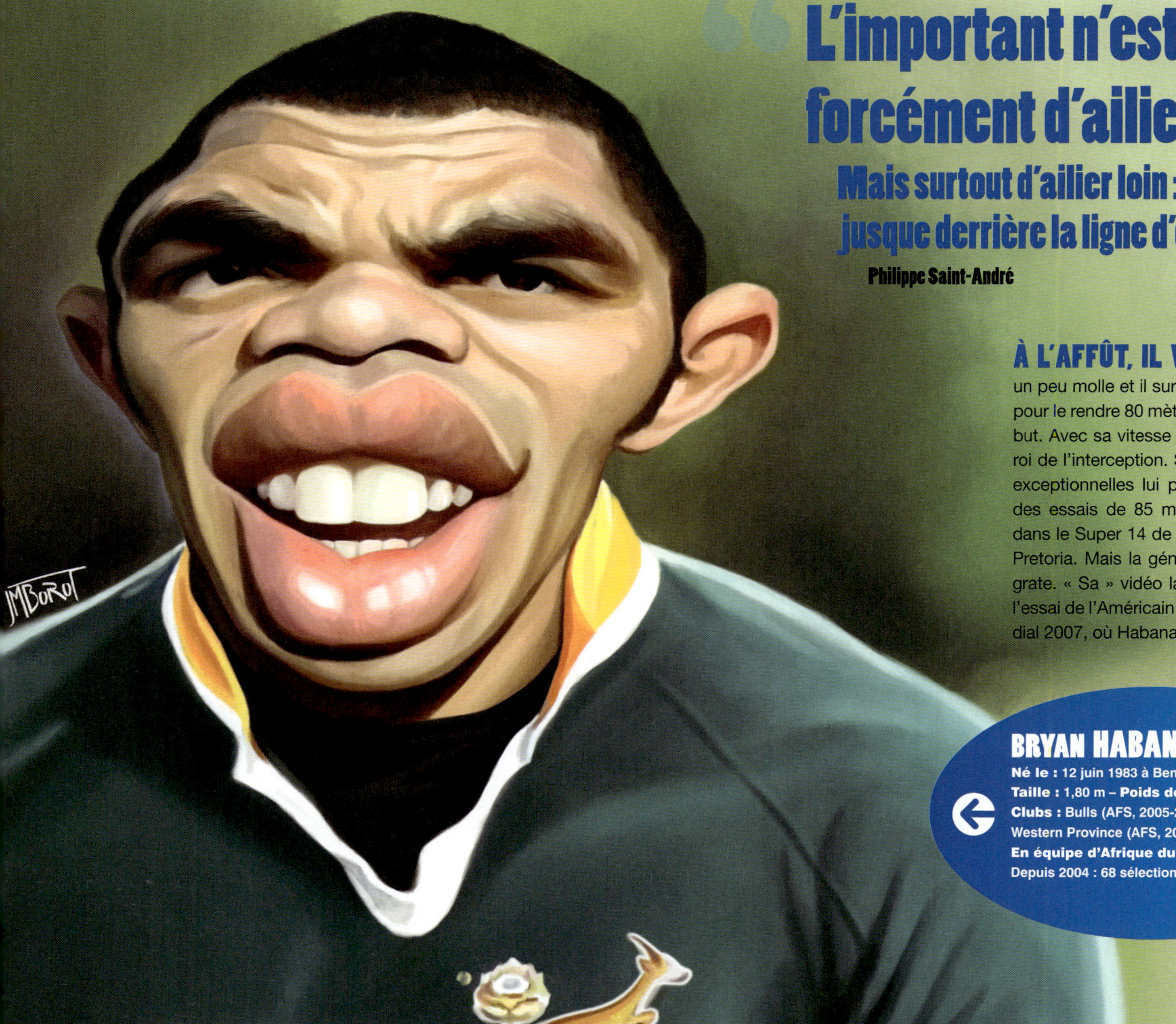

« L'important n'est pas forcément d'ailier vite !

Mais surtout d'ailier loin : jusque derrière la ligne d'en-but ! »

Philippe Saint-André

À L'AFFÛT, IL VEILLE. Une passe un peu molle et il surgit, s'empare du ballon pour le rendre 80 mètres plus loin, dans l'en-but. Avec sa vitesse et son instinct, c'est le roi de l'interception. Ses qualités physiques exceptionnelles lui permettent de marquer des essais de 85 mètres en solo, comme dans le Super 14 de 2007 avec les Bulls de Pretoria. Mais la génération Internet est ingrate. « Sa » vidéo la plus vue est celle de l'essai de l'Américain Ngwenya lors du Mondial 2007, où Habana se fait enrhumer…

BRYAN HABANA
Né le : 12 juin 1983 à Benoni (Afrique du Sud)
Taille : 1,80 m – **Poids de forme :** 94 kg
Clubs : Bulls (AFS, 2005-2009), Western Province (AFS, 2009), Stormers (AFS, 2009)
En équipe d'Afrique du Sud :
Depuis 2004 : 68 sélections ; 190 points (38 essais)

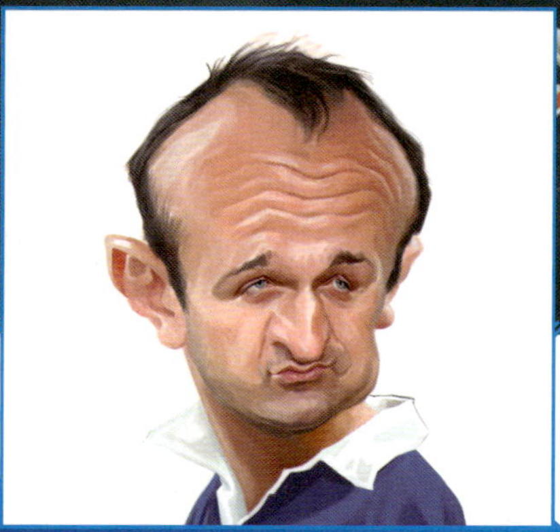

PHILIPPE SAINT-ANDRÉ
Né le : 19 avril 1967 à Romans-sur-Isère (Drôme)
En équipe de France :
1990-1997 : 69 sélections ; 152 points (32 essais)

NON, « LE CORET » n'avait aucun style sur le terrain. Et alors ? Qu'est-ce que ça peut faire ? Absolument rien. Outre son statut de deuxième meilleur marqueur d'essais chez les Bleus, et une victoire finale dans le Tournoi 1993, « PSA », c'est surtout deux moments magiques. D'abord l'essai face à l'Angleterre dans le Tournoi 1991 qu'il a conclu après un festival de Blanco, Lafond, Sella et Camberabero sur plus de 100 mètres. Ensuite, en 1994, Saint-André fut le premier à toucher le ballon sur l'essai du bout du monde qui fit tomber les All Blacks (23-20), chez eux à Auckland, à la dernière seconde.

SANS OUBLIER : Gerald Davies (GAL), Rory Underwood (ANG), Joe Rokococo (NZL)

COMME DISAIT SALVIAC : "À L'AILE, LA VIE EST BELLE !"
ENFIN QUAND ON A LA BALLE !!!
13
14
AH ! ENFIN ! DÉMARRAGE LANCÉ LE LONG DE LA TOUCHE !...
14
... COMME L'ESSAI DE N'TAMACK DANS LES ARRÊTS DE JEU POUR QUALIFIER LA FRANCE EN 95 !
... PLUS QU'UN DÉFENSEUR À PASSER ET !!!
15
?
FEINTE DE PASSE À... L'ARBITRE DE TOUCHE !!!
15
ET HOP ! L'ARRIÈRE DANS LE VENT !...
... POUR MARQUER !
BIEN, PETIT ! MAIS ÇA A DÉJÀ ÉTÉ FAIT PAR AMÉDÉE DOMENECH DIT "LE DUC" CONTRE L'IRLANDE ET C'ÉTAIT UN PILIER !!! ET SI LE JUGE DE TOUCHE COURT AUSSI VITE QUE TOI ! VA FALLOIR BOSSER !
31

ARRIÈRE

15

À CE POSTE, IMPOSSIBLE DE FAIRE UNE BÊTISE qui passerait inaperçue. Comme un gardien au football, la moindre erreur se voit au tableau d'affichage. Au fond du terrain, l'arrière est un homme seul. Heureusement, il a aussi le droit d'être génial. Et comme il a un peu de terrain pour prendre de la vitesse et repérer les faiblesses adverses, ses actions sont souvent spectaculaires.

« **Non, le numéro 15 ne mène pas des combats d'arrière-garde !** »

Serge Blanco, tête d'affiche, pensante et bouclée du rugby français

10 FOIS, 100 FOIS, 1 000 FOIS...

1 million de fois... Les essais de Serge Blanco en équipe de France, on pourrait les regarder encore et encore, sans jamais s'arrêter. Pendant plus de dix ans, il a incarné le French Flair, osant relancer le ballon de son en-but face aux Anglais en 1991, marquant l'essai de la victoire en 1987 en demi-finale de Coupe du monde contre les Australiens, jonglant ici avec le ballon, sachant le taper pile par-dessus le défenseur... Avec en prime une vision du jeu hallucinante, il a tout fait à ses adversaires et reste le meilleur marqueur de l'histoire des Bleus.

SERGE BLANCO

Né le : 31 août 1958 à Caracas (Venezuela)
Taille : 1,85 m – **Poids de forme :** 85 kg
Club : Biarritz (1975-1992)
En équipe de France :
1980-1991 : 93 sélections ; 233 points (38 essais, 6 transformations, 21 pénalités, 2 drop goals).

GAVIN HASTINGS

Né le : 3 janvier 1962 à Edimbourg (Écosse)
En équipe d'Écosse :
1986-1995 : 61 sélections ; 667 points (17 essais, 86 transformations, 140 pénalités)

GRAND ET COSTAUD pour son époque (1,88 m, 91 kg), il a été surnommé « Big Gav ». Mais il aurait aimé se faire tout petit pour son premier coup de pied « international » : un coup d'envoi face à la France tapé directement en touche et aboutissant à un essai français dans la foulée. Ça ne l'empêcha pas d'inscrire les 18 points de la victoire écossaise à Murrayfield ce jour-là. Sans doute meilleur joueur écossais de l'histoire, il a empoché au passage un grand chelem en 1990.

SANS OUBLIER : JPR Williams (GAL), Jason Robinson (ANG), Jean-Luc Sadourny (FRA)

TOUT PETIT ÇA M'A PRIS ! JE VOULAIS ÊTRE BARTHEZ !
J'ÉTAIS GARDIEN MAIS COMME MA CASE ÉTAIT OUVERTE, JE ME SUIS ÉVADÉ VERS LE RUGBY...
LISE
Les DAMNÉS de la ROUTE
...À L'ARRIÈRE ! FAUT VOIR COMME JE RÉCEPTIONNE LES BALLONS !
COMME UN VRAI HEYMANS ! WAF !
...COMMENT JE CRIE "MARQUE" DANS MES 22 !
C'EST QUI CE "MARC" DONT TU RÊVES TOUTES LES NUITS ?
...LA PERTINENCE AVEC LAQUELLE JE M'INTERCALE COMME CULLEN, BLANCO OU VILLEPREUX...
UN PEU DE PLACE, S.V.P. !
...COMME JE TROUVE LES TOUCHES OU RELANCE AU PIED EN CHANDELLE...
CANDLE IN THE WIND...
PAF !
...OU COMMENT JE RESTE LE DERNIER REMPART...
CHICHE !
IL FAUDRA ME PASSER SUR LE CORPS !
...AVEC AU BESOIN, TOUT UN PACK D'AVANTS SUR LA COUENNE...
Z'AVEZ PAS UN PEU GROSSI DEPUIS LE MATCH ALLER ?
VOUS PENSEZ QUE JE DEVRAIS FAIRE UNE THÉRAPIE DE GROUPE ?
PARLEZ-MOI DE VOTRE MÈRE ?
33

IMPACT PLAYER

ENTRER EN JEU COMME UN DIABLE SORT DE SA BOÎTE, **tel est le rôle de *l'impact player*, joueur d'impact en français. C'est l'heure de jeu, le match n'a pas encore choisi son camp. C'est le moment de secouer tout ça. En 20 minutes (une demi-heure au maximum), ce joueur doit donner tout ce qu'il a. Avec sa puissance et sa fraîcheur, son rôle est alors de réaliser l'action qui fait la différence.**

> **Quelle question débile !**
> **C'est con comme question !**
>
> **Sébastien Chabal,**
> ***impact player* en interview aussi.**

AU DÉPART était Sébastien Chabal. Cheveux courts, barbe légère, voire absente. C'était un jeune joueur avec du tempérament mais à la notoriété « limitée ». Et puis, le départ en Angleterre fut, en 2004, une révélation tout comme la barbe et les cheveux longs. C'est ainsi que « Caveman » est né en juin 2007 en Nouvelle-Zélande. Un plaquage désintégrant sur Chris Masoe, une mâchoire cassée pour Ali Williams et voilà la Chabalmania lancée, juste avant la Coupe du monde en France. Depuis, elle n'a pas faibli et ses « exploits » face aux All Blacks ont été vus plus de 10 millions de fois en vidéo sur Internet !

SÉBASTIEN CHABAL
Né le : 8 décembre 1977 à Valence (Drôme)
Taille : 1,91 m – **Poids de forme :** 109 kg
Clubs : Bourgoin-Jallieu (1998-2004) ; Sale (ANG, 2004-2009) ; Racing-Métro (depuis 2009).
En équipe de France :
Depuis 2001 : 62 sélections ; 30 points (6 essais)

BERNARD LAPORTE
Né le : 1er juillet 1964 à Rodez (Aveyron)
En équipe de France :
2000-2007 : entraîneur

« PAS DE FAUTES, PAS DE FAUTES... » Ces trois mots répétés en boucle ont permis à Bernard Laporte, sélectionneur, d'entrer dans l'histoire du rugby français de manière très cathodique. Cette gueulante, saisie par les caméras à la mi-temps d'un France-Italie, a tout changé. Depuis, plus aucun vestiaire n'accueille de micro. Et Bernard Laporte est devenu un fils de pub, reprenant sa fameuse tirade pour faire plaisir à une certaine Germaine qui souhaitait vendre des pâtes…

ÉCOUTE, COCO, T'AS BIEN FAIT DE T'ENTRAÎNER DUR ! ON A UN PLANNING D'ENFER AUJOURD'HUI !
TAXI
D'ABORD UNE RADIO ! JE LES AI BRIEFÉS POUR DES QUESTIONS SOFT... TU DOIS RESTER CONCENTRÉ !
QUEL EST LE POIDS DU RUGBY DANS LE CONCERT GÉOPOLITIQUE MONDIAL À VOTRE AVIS ? ... HMMM ?...
HEU... JE DIRAIS UN PEU PLUS DE 400G... POUR LE BALLON...
FRANCE INPER
ÉGOUTTEZ LA DIFFÉRENCE
T'AS ÉTÉ PARFAIT, PETIT ! COMMENT TU L'AS CASSÉ !
OUAIS ! JE SUIS RESTÉ DANS LE VAGUE ! J'AURAIS PU DIRE "ENTRE 400 ET 440 GR !
MAIS FALLAIT QUE JE GARDE MON INFLUX POUR LA SUITE !
ET QUELLE SUITE ! ON FILE À LA TÉLÉ POUR LE 13H ! ENSUITE TU AS UN RÔLE DANS UN TÉLÉFILM !..
..LE LANCEMENT D'UN TÉLÉPHONE... D'UNE VOITURE... INTERVIEW PRESSE... DÉDICACE DE TES MÉMOIRES : "RUGBY, ÉCOLE D'HUMILITÉ"... RE-TÉLÉ...
..MAIS LE 20H CETTE FOIS ! SUR LA SITUATION DU SECTEUR AVIAIRE DANS LE FOREZ DU NORD ET APRÈS...
HEU... TU OUBLIES QUE JE SUIS PRIS À 15H !
14H55...
J'AVAIS ZAPPÉ CE PUTAIN DE MATCH CONTRE LES BLACKS ! ÇA VA DURER COMBIEN DE TEMPS ?
BEN... 1 HEURE ET DEMIE, SI JE NE SUIS PAS BLESSÉ !
AH NON ! VA PAS TE FAIRE MAL ! TU AS UNE SÉANCE PHOTO À 18 HEURES POUR DES PRODUITS DE BEAUTÉ !... ALORS DOUCEMENT AVEC LES BLACKS, HEIN ?
35

ENTRAÎNEUR

C'EST LE POSTE QUI POSSÈDE LE PLUS DE NOMS DIFFÉRENTS. Sélectionneur en équipe nationale, directeur du rugby, manager sportif ou général, entraîneur en chef ou coach… La liste est sans fin. Comme celle des tâches à accomplir. Composer l'équipe, inculquer un jeu, donner des repères individuels et collectifs, rassurer un jour, engueuler le lendemain, définir la tactique… Il faut quasiment tout faire.

« **Le plus important,** c'est de toujours être un entraîneur entraînant pas en traînant les pieds ! »

Entraîneur anonyme

« ZOUEZ, ZOUEZ ! » est sa phrase favorite. Bon, c'est un peu facile de se moquer du petit cheveu sur la langue de cet ancien arrière international (34 sélections de 1967 à 1972). Mais quand même, le « zeu », c'est sa philosophie. Si on entend parler d'arrière « intercalé » en attaque, c'est grâce à lui. L'intelligence situationnelle, toujours lui ! Encore fallait-il que cette méthode, héritée de René Deleplace et Robert Bru, gagne pour faire de Villepreux un emblème. Ce fut le cas à Toulouse (trois fois champion de France) et en équipe de France (deux grands chelems ; finale de Coupe du monde).

PIERRE VILLEPREUX

Né le : 5 juillet 1943 à Pompadour (Corrèze)
Équipes (comme entraîneur) : Italie (1978-1981), Toulouse (1982-1989), Trévise (1990-1992), Brive (1992-1993), Limoges (1993-1994), France (1995-1999).

JACQUES FOUROUX

Né le : 24 juillet 1947 à Auch (Gers)
Décédé le : 17 octobre 2005 à Auch.
Équipes (comme entraîneur) :
France (1981-1990), Grenoble (1992-1993)

IRRITANT, ATTACHANT, PARANOÏAQUE, DÉTERMINÉ… Les mots pour définir le « petit caporal » sont aussi contrastés que nombreux. Fouroux, c'est un personnage sans nuances, entier, total même. Devenu rapidement entraîneur, ses capacités de meneur d'hommes l'ont accompagné pendant neuf ans à la tête des Bleus. Adepte des physiques « généreux », aussi bien pour les trois-quarts que pour les avants, il n'avait pas son pareil pour motiver ses hommes, les transformer, avant qu'ils entrent sur le terrain.

ALORS C'EST BIEN COMPRIS ?... LA MEILLEURE ATTAQUE...
... C'EST LA DÉFENSE !
ET INVERSE
C'EST ÇA !... DÉFENSE D'ATTAQUER SANS DÉFENDRE ! ET J'ATTAQUE CELUI QUI CHERCHE À S'EN DÉFENDRE...
C'EST CLAIR, NON ?
...
JE RÉSUME : EN DÉFENDANT, J'ATTAQUE !... ET BIEN DÉFENDUE, MON ATTAQUE EST INDÉFENDABLE !!!
DONC MA DÉFENSE EST INATTAQUABLE ! C.Q.F.D. !
OU L'INVERSE !
ET RÉCIPROQUEMENT !
JE TE DÉFENDS !
QUOIQUE !
ASSEZ PARLÉ ! ON MET ÇA EN PRATIQUE ! LES BLEUS ATTAQUANTS DÉFENDENT ET LES ROUGES DÉFENSEURS ATTAQUENT !
PIGÉ ? À VOUS !
EN SOMME, FAUT ÊTRE OFFENSIF SANS ÊTRE DÉFENSIF ET AVANCER POUR NE PAS RECULER ?
GRAT GRAT
MAIS SI ON AVANCE EN RECULANT... L'AUTRE ÉQUIPE VA RECULER EN AVANÇANT ?
?
BALLON !
HEU... UN CACHET D'ASPIRINE POUR ME REMETTRE D'ATTAQUE !
C'EST DÉFENDU ?
PSSCHHHHHH
PSCCCHHHHHHH

UN ÂGE RESPECTABLE (ET RESPECTÉ), un costume avec, parfois, un gros pardessus, pour les longs matchs d'hiver. Voilà le président. Il faut dire qu'assis en tribune, il n'a pas le loisir de se réchauffer comme ses joueurs en courant aux quatre coins du terrain ou comme ses entraîneurs en gesticulant dans tous les sens.

> « **Je suis à ce poste** par ma propre volonté et j'en partirai quand j'en aurai envie ! »
>
> **Albert Ferrasse**

JOUEUR en tant que deuxième-ligne, arbitre de la finale du Championnat de France (en 1959), président de club (au SU Agen), président de comité régional (Périgord-Agenais) et enfin président de la Fédération française de rugby (de 1968 à 1991, rien que ça), il reste LE président. D'ailleurs, le monde entier du rugby l'a aussi reconnu comme LE président : il a été le premier président de l'IRB, la fédération internationale, à remettre en 1987 le trophée Webb Ellis au capitaine néo-zélandais David Kirk lors de la première Coupe du monde, compétition dont il est l'un des instigateurs.

ALBERT FERRASSE
Né le : 12 août 1917 à Tonneins (Lot-et-Garonne)
Décédé le : 28 juillet 2011 à Agen (Lot-et-Garonne).

RENÉ BOUSCATEL
Né le : 16 avril 1946 à Toulouse (Haute-Garonne)

LORSQU'ON PARLE DU STADE TOULOUSAIN, deux noms viennent à l'esprit. Celui de Guy Novès, charismatique entraîneur-manager qui a donné au club une ribambelle de titres. Et juste après, vient le nom de celui qui l'a mis en place, René Bouscatel. Président du Stade toulousain depuis 1992, cet ancien avocat montre à quel point la stabilité est la clé du succès sur le long terme. Atypique, Bouscatel est devenu, en 2002, le premier président de club rémunéré.

RURAL...
FAUT UNE BONNE ADÉQUATION ENTRE SON PRODUIT ET LE MILIEU OÙ ON INVESTIT !
J. LAMÉLÉE ~ BESTIAUX ACHAT VENTE
...FINANCIER...
VOUS VOULEZ ENCORE DES JOUEURS ? ON EST À COMBIEN DE KILOS POUR LES DERNIERS ?
270 !
JE PARLAIS DE KILOS-EUROS !
RÉSULTATS
SPONSORS
TIP! TIP! TIP! TIP!
...OU BLING-BLING !
T'AS REÇU MON DERNIER CALENDRIER ?
ET TOI ? LE C.D. DU PILOU-PILOU ?
...ILS ONT UN POINT COMMUN ; LA COLÈRE D'APRÈS-MATCH !
MINABLES !
VESTIAIRES A
LE DERNIER MATCH, VOUS AVEZ ÉTÉ MINABLES ! EN DESSOUS DE TOUT ! ÉCRASÉS EN MÊLÉE, NULS EN TOUCHE ! JE VOUS REPASSE PAS LA VIDÉO, C'EST UN FILM CATASTROPHE ! BOUFFÉS DANS TOUS LES COMPARTIMENTS DE JEU !
ON SE SERAIT CRU AU DERNIER MATCH DE LA FRANCE AU PARC DES PRINCES... CONTRE LES SUD'AF ! 51 À 10 ! JE RAPPELLE !!!
COMME LE DIT BALA : IL FAUT REVENIR AUX FONDAMENTAUX !
JE VOUS LAISSE À VOTRE ENTRAÎNEUR QUI VA VOUS REDONNER LES BASES !
POUR COMMENCER... CETTE CHOSE OVALE, LÀ, C'EST LE BALLON !
HÉ ! HO ! DOUCEMENT, J'ARRIVE PAS À SUIVRE !
POTEAUX

AVEC SON SIFFLET, SES CARTONS ET SON MAILLOT DISTINCTIF, on ne peut pas le louper. C'est le seul dont le maillot ne se salit pas. Et c'est peut-être pour ça que tant de spectateurs lui en veulent. Arbitre, cela reste un drôle de sacerdoce. Vous iriez vous risquer de prendre dans le buffet un gars de 100 kg, tout en sachant que vous vous ferez siffler et engueuler, à la moindre décision discutable ?

« J'aurais pu faire sans... »

Derek Bevan à propos de la remise, fameuse, d'une montre en or.

IL EN A ÉNERVÉ DES PAQUETS de supporters français, cet arbitre gallois. Mais jamais autant que ce samedi 17 juin 1995, quand la France a chuté (15-19) face à l'Afrique du Sud, en demi-finale de Coupe du monde. Chez eux, les Springboks ont semblé bénéficier de tous les avantages. Côté français (puis néo-zélandais en finale), la suspicion était à son comble, sachant que Bevan avait accordé un essai sud-africain non valable et qu'il avait refusé deux essais aux Bleus. Et ce n'est pas la soirée de gala après la finale qui a chassé les doutes. Louis Luyt, président de la fédération sud-africaine et grand spécialiste des « sorties » de bon goût, a pensé que c'était le moment idéal pour remettre à Bevan une magnifique montre en or en le présentant comme « le plus formidable arbitre au monde ». Et comme un clin d'œil, pour son dernier match international, en 1999, Bevan a eu un peu plus besoin de sa montre que d'habitude, la demi-finale de Coupe du monde entre l'Australie et l'Afrique du Sud (27-21) s'étant conclue après prolongation.

DEREK BEVAN
Né le : 3 septembre 1947 à Clydach (pays de Galles)

D'ABORD UN ARBITRE DE TERRAIN SE RECONNAÎT À SON SIFFLET...
PAF!
MAIS AVANT 1885, C'EST AVEC UN MOUCHOIR QU'IL SIGNALAIT LES FAUTES !...
PWOMP!
QU'EST-CE QU'ON FAIT ?
ET DEUX ARBITRES DE TOUCHE PORTEURS D'UN DRAPEAU...
HÉ, HO ! SOYONS DISCRETS !
PLUS UN ARBITRE ASSISTANT SANS SIFFLET, SANS DRAPEAU... MAIS AVEC DEUX ENTRAÎNEURS SUR LE DOS...
...PLUS UN ARBITRE VIDÉO...
PEUX-TU ME DIRE S'IL Y A UNE RAISON DE REFUSER CET ESSAI ?
HEU... OUI, JE M'ÉTAIS ENDORMI !
...UN ARBITRE CANAPÉ PORTEUR DE PANTOUFLES...
HÉ PATATE, MOI AUSSI JE PEUX SIFFLER D'UN SEUL CÔTÉ !
...ET PENDANT LES MATCHS, QUELQUES MILLIERS D'ARBITRES... EN TRIBUNE !!!
HO, L'ARBITRE, TU TE PRENDS POUR DEREK BEVAN ?
ET SI TU REGARDAIS DE L'AUTRE CÔTÉ DE LA MÊLÉE ?
ET LES HORS-JEU, TU LES SIFFLES QUAND ?
Y A JAMAIS EN-AVANT LÀ !
Z'ÉTAIENT PAS À 10 M LES BLEUS ! BOUHOUU !!!
T'AS EU TON SIFFLET DANS UN KINDOR ?
T'ES PACSÉ AVEC LE PRÉSIDENT DES VISITEURS OU QUOI ?

JOURNALISTES

S'IL N'Y AVAIT PAS LA TÉLÉVISION, les souvenirs des grands matchs de rugby seraient partagés entre quelques privilégiés, 80 000 au maximum. Du coup, la plupart des exploits ovales sont rattachés, dans la mémoire collective, à une petite lucarne, à un angle de caméra particulier mais aussi à une voix, ou deux, celles des journalistes et de leurs consultants.

« Allez, les petits ! »

Roger Couderc

IL Y A EU D'ABORD « MONSIEUR DROP », ses trente sélections en bleu (entre 1954 et 1964), ses quatre finales (toutes perdues) du Championnat de France. Et puis, il y a eu « Bala », le consultant. Il a quasiment créé cette fonction en débutant sur Europe 1 en 1968. Il a ensuite investi le poste de télévision à partir de 1976. Sa facilité à faire pénétrer n'importe qui dans les secrets du rugby en quelques mots reste sans égale. Et puis, il y avait son accent, ni trop prononcé, ni pas assez, et ces montées dans les aigus pour accompagner une chandelle très haute qui nous ont régalés jusqu'en 1999.

PIERRE ALBALADEJO
Né le : 14 décembre 1933 à Dax (Landes)

CHRISTIAN JEANPIERRE
Né le : 9 avril 1965 à Puy-en-Velay (Haute-Loire)

ROGER COUDERC
Né le : 12 juillet 1918 à Souillac
Décédé le : 25 février 1984 à Paris

TROIS MOTS SUFFISENT à résumer sa légende. Ce « Allez, les petits ! », combien de fois l'a-t-il prononcé ? Impossible de le savoir. Mais près de trente ans après avoir quitté les écrans (en 1983), le nom de Roger Couderc reste mythique. A-t-il existé un commentateur plus chauvin et supporter de l'équipe de France ? Non. Tout comme aucun autre journaliste ne peut se targuer d'avoir amené autant de personnes ne comprenant rien, ou pas grand-chose, au rugby à le regarder.

QUEL JOURNALISTE SPORTIF peut se vanter d'avoir le privilège de commenter les matchs de l'équipe de France de football et de rugby ? D'avoir, toujours dans ces deux sports, couvert six Coupes du monde ? Il officie sur TF1 depuis 1988.

AUDIOVISUELLE OU ÉCRITE, LA PRESSE RIVALISE, POUR LE RUGBY, DE LYRISME...
ALLEZ, LES PETITS !
LES MOUCHES SONT TOMBÉES SUR LE CHIEN !
...ET L'ÂNE A CHANGÉ DE CABANE !
EN TOUT CAS, LE COCHON EST DANS LE MAÏS !
HEU... J'EN TENTE UNE NOUVELLE... "ICI LONDRES, LES BLEUS AIMENT LE ROSBEEF À POINT JE RÉPÈTE : LES BLEUS AIMENT ...
...DE TECHNICITÉ...
MAGNIFIQUE ESSAI ENTRE LES POTEAUX !
Y AVAIT PEUT-ÊTRE MIEUX À FAIRE ?!?
?!?
TRÈS BEAU COUP DE MÉTATARSES DÉFENSIF SUBINGUINAL AVEC RÉHAUSSAGE DES GONADES !
AUTREMENT DIT : COUP DE LATTE DANS LES ROUSTONS !
À NOUS LE CUIR, LA GONFLE, LA BÉCHIGUE, LA COURGE, LA PASTÈQUE !
ON L'APPELLE AUSSI BALLON... PARFOIS !
...DE COMPÉTENCE...
...JE VOUS PARLE DANS CE MICRO POUR COMMENTER CE MATCH DE RUGBY DE 15 JOUEURS SE DISPUTANT UNE BALLE OVALE SUR UNE PELOUSE VERTE... VERTE COMME MA CRAVATE QUE VOUS POUVEZ VOIR SUR LES IMAGES DE VOTRE ÉCRAN... ET CE GRÂCE AU RÉSEAU TNT, QUI EN CLAIR, JE LE RAPPELLE, SIGNIFIE...
ALLÔ, LA RÉGIE, ON NE NOUS VOIT PLUS !!!
...DE CONNAISSANCES...
...BREF, RAPPELONS QUE C'EST À 3 MIN 42 S DE LA FIN QUE PAR UN TEMPS GRIS, IL PLANTA UN ESSAI À 7 M 51 DE LA TOUCHE, AIDÉ DE SON PILIER DE 114 KG 253, NÉ À MÉZYDUGNAC, LE 23 MARS À 16 H 12... DE YVETTE ET GUSTAVE, EUX-MÊMES ISSUS DE...
...DE PASSION !
LA MANDALE EST TOMBÉE SUR LE JOURNALISTE... ...JE RÉPÈTE... LA MANDALE...
AÏE OUILLE !
ABOBO !
ME TRAITER DE COCHON DANS LE MAÏS !!!
43

BOARD, FÉDÉS, ETC.

COMME SON NOM L'INDIQUE, l'officiel « officialise » le fait qu'il s'agit, ou non, d'un grand match. Qu'il soit président de la Fédération française de rugby, de l'IRB (la fédération internationale), de la République, grand sachem ou vizir en second, sa présence indique qu'on dispute sur le terrain un grand match, un vrai avec de l'enjeu et probablement un trophée au bout.

> **« Dis donc, quelle galère pour trouver un maillot à ma taille ! »**
>
> **Nelson Mandela à François Pienaar en lui remettant une petite coupe jaune.**

CHOSE ÉTRANGE pour un ancien directeur des douanes, Bernard Lapasset ne s'est pas limité au territoire français. Président de la Fédération française de rugby entre 1991 et 2008, il restera celui qui a amené la Coupe du monde en France (2007). Sa mission accomplie, il a repris les rênes de l'IRB, qu'il avait tenues en 1995-1996, le temps de déclarer le rugby *open* et donc compatible avec le professionnalisme. Sous ses airs dégingandés, il a réussi un autre exploit en réintroduisant le rugby (sous sa forme à 7) aux Jeux olympiques, à partir de Rio 2016. Une sorte de Seigneur des anneaux, ce Lapasset.

BERNARD LAPASSET
Né le : 20 octobre 1947 à Tarbes (Hautes-Pyrénées)

NELSON MANDELA
FRANÇOIS PIENAAR

COMBIEN DE RUGBYMEN ont eu l'honneur d'être incarnés au cinéma par une star mondiale comme Matt Damon ? Un seul : François Pienaar. Le capitaine des Springboks, champion du monde en 1995, restera dans l'histoire comme celui ayant reçu le trophée des mains de Nelson Mandela. Alors président de l'Afrique du Sud, Mandela avait assisté à la finale de la Coupe du monde puis remis le trophée avec le maillot de « son » équipe sur le dos. Ce moment, d'une émotion rare, a symbolisé le premier pas de la difficile réconciliation d'un pays à peine sorti de l'apartheid.

BONJOUR MESSIEURS ! VOUS POUVEZ QUITTER VOS PARDESSUS, NOUS SOMMES ENTRE NOUS !
COMMENÇONS PAR LE RÈGLEMENT...
OUI, MOI ! IL Y A DES POM-POM GIRLS À TOUS LES MATCHS...
...AUSSI LES FÉMININES EXIGENT DES CHIPPENDALES !
TRÈS DRÔLE ! PLUS SÉRIEUX ?
UNE CHAÎNE DE TÉLÉ VOUDRAIT UNE CAMÉRA DANS LE BALLON POUR MONTRER LE DESSOUS DES RUCKS...
HEU... ET SI C'EST UNE POM-POM GIRL QUI DONNE LE COUP D'ENVOI ?
BON ! ON PEUT PASSER AU CALENDRIER...
"LES DIEUX DU STADE" ? QUELLE PAGE ?
PLUS TARD...
BURP ! BON, APRÈS CE BON REPAS, ON REPREND ! IL FAUT GARDER UN RUGBY AMATEUR !
HUM ! ET ON LES PAYE COMBIEN POUR RESTER AMATEURS ?
...ENCORE PLUS TARD...
ON VA REGARDER LA RÈGLE DU HORS-JEU !...
HEU... UNE AUTRE FOIS !
PEUT-ÊTRE !
UNE DERNIÈRE QUESTION ?
OUI ! LE BANQUET ? À QUELLE HEURE ?
FOIE GRAS OU HAGGIS ?
PENDANT CE TEMPS, SUR LE TERRAIN...
ALORS, ON SE LIGUE CONTRE LA FÉDÉ ?
...OU ON SE FÉDÈRE CONTRE LA LIGUE ?
45

FANS DE TOUS PAYS, UNISSEZ-VOUS ! Vous avez désormais une mission. Pendant des années, le rugby a été présenté comme le seul sport avec trois mi-temps obligatoires. Les deux premières sur le terrain et la troisième, n'importe où, où il est possible de s'amuser. Cette tradition est en danger. Depuis qu'ils sont professionnels, les joueurs sont soumis à de plus en plus de contraintes et ne peuvent plus autant faire la fête. Impossible de blâmer ces « pauvres » joueurs qui cherchent seulement à être le plus performants possible. Mais aujourd'hui, c'est bien aux supporters que revient le « fardeau » (quel terrible fardeau quand même que de devoir faire la fête) de poursuivre la tradition de la troisième mi-temps, avec sa fraternité entre adversaires, sa bonne dose d'humour et de convivialité.

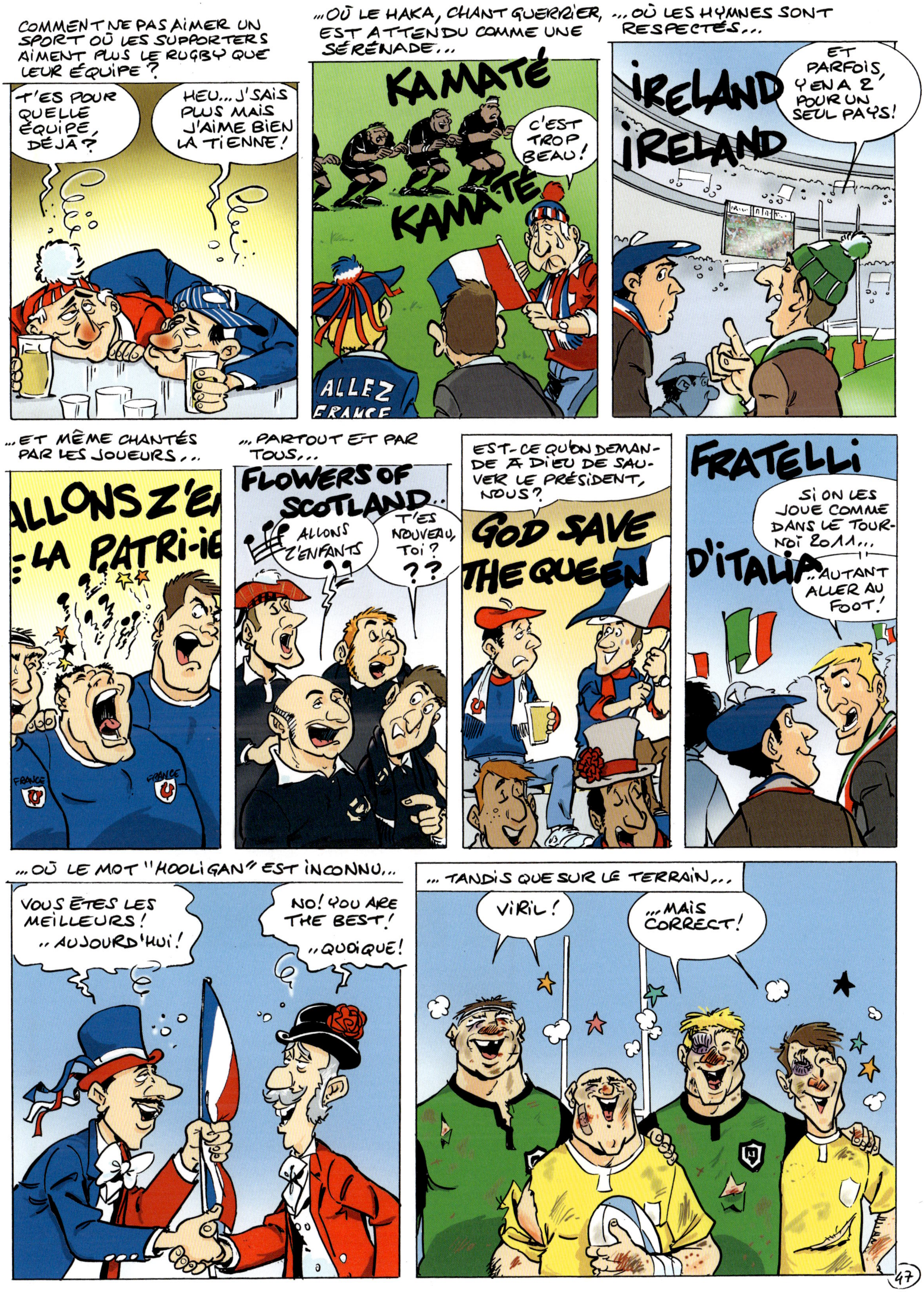

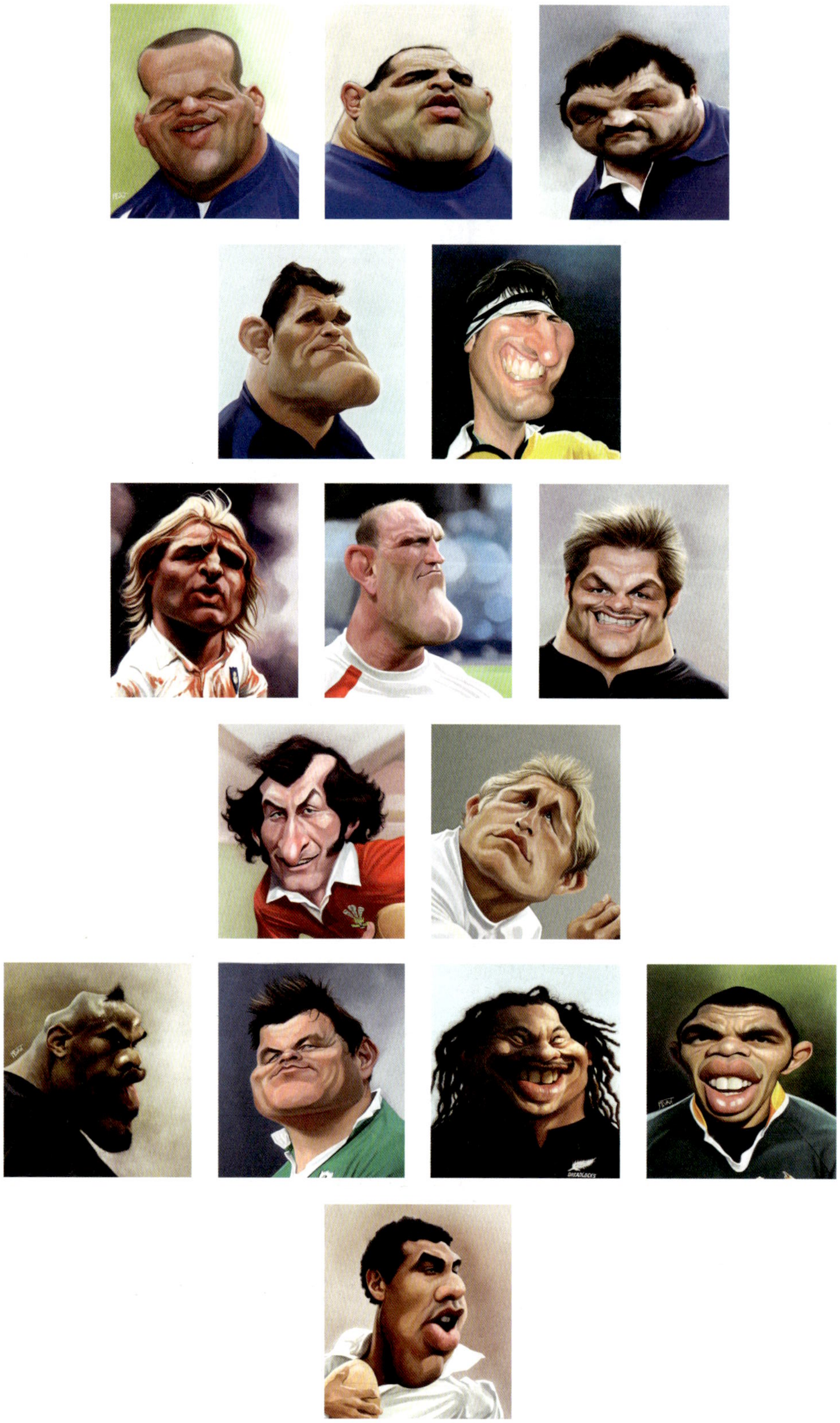

COMMENT NE PAS AIMER UN SPORT OÙ LES SUPPORTERS AIMENT PLUS LE RUGBY QUE LEUR ÉQUIPE ?
T'ES POUR QUELLE ÉQUIPE, DÉJÀ ?
HEU... J'SAIS PLUS MAIS J'AIME BIEN LA TIENNE !
...OÙ LE HAKA, CHANT GUERRIER, EST ATTENDU COMME UNE SÉRÉNADE...
KAMATÉ
KAMATÉ
C'EST TROP BEAU !
ALLEZ FRANCE
...OÙ LES HYMNES SONT RESPECTÉS...
IRELAND
IRELAND
ET PARFOIS, Y EN A 2 POUR UN SEUL PAYS !
...ET MÊME CHANTÉS PAR LES JOUEURS...
ALLONS Z'EN
LA PATRI-IE
FRANCE
FRANCE
...PARTOUT ET PAR TOUS...
FLOWERS OF SCOTLAND...
ALLONS Z'ENFANTS
T'ES NOUVEAU, TOI ?
??
EST-CE QU'ON DEMANDE À DIEU DE SAUVER LE PRÉSIDENT, NOUS ?
GOD SAVE THE QUEEN
FRATELLI
D'ITALIA
SI ON LES JOUE COMME DANS LE TOURNOI 2011...
...AUTANT ALLER AU FOOT !
...OÙ LE MOT "HOOLIGAN" EST INCONNU...
VOUS ÊTES LES MEILLEURS ! ...AUJOURD'HUI !
NO ! YOU ARE THE BEST ! ...QUOIQUE !
... TANDIS QUE SUR LE TERRAIN...
VIRIL !
...MAIS CORRECT !
47

EPILOGUE

ET AVEC ÇA, ON GAGNERAIT LA COUPE DU MONDE ?

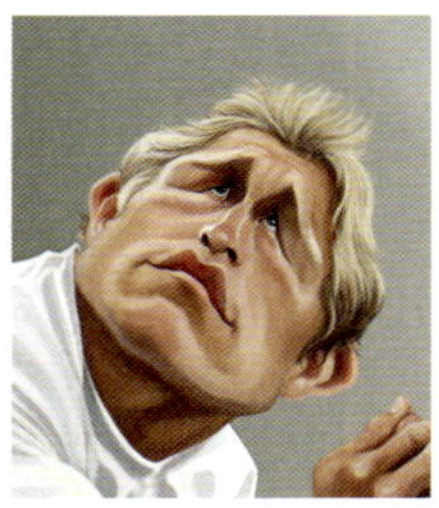

QUELLE QUESTION ! Que ce soit avec l'équipe A, en couleurs, ou l'équipe B, en noir et blanc, personne ne pourrait résister à ces sélections de légendes du rugby. Et l'équipe de rêve obtiendrait sans problème le trophée Webb Ellis, peu importent l'époque et les règles en vigueur. Mais est-ce vraiment là l'essentiel ? Non. Gagner, la Coupe du monde n'aurait pas grand intérêt en soi, même avec ces joueurs. L'important, la seule chose qui vaille, ce serait le chemin, le parcours de cette équipe, ses matchs incroyables, tous ces moments où le talent, la vista, le physique et l'intelligence de ces joueurs nous étourdiraient. Car devant un match de rugby, l'essentiel est là : partager toutes ces petites tranches de rêves éveillés autour d'un ballon ovale qui n'a pas fini de rebondir bizarrement.

GOD OF NATIONS AT THY FEET
IN THE BONDS OF LOVE WE MEET
HEAR OUR VOICES WE ENTREAT,
GOD DEFEND OUR FREE LAND.

GOD SAVE OUR GRACIOUS QUEEN,
LONG LIVE OUR NOBLE QUEEN,
GOD SAVE THE QUEEN !
SEND HER VICTORIOUS,
HAPPY AND GLORIOUS,
LONG TO REIGN OVER US,
GOD SAVE THE QUEEN !

IRELAN
TOGET
SHOULD
WE'LL A

MAE HEN WLAD FY N
GWLAD BEIRDD A CH
EI GWROL RYFELWY
TROS RYDDID COLLA